FiBL 瑞士有机农业研究所（FiBL）
IFOAM ORGANICS INTERNATIONAL IFOAM国际有机联盟
（IFOAM - Organics International） 编著

Organic and Beyond 正谷（北京）农业发展有限公司 译

2020年
世界有机农业概况与趋势预测

中国农业科学技术出版社

图书在版编目(CIP)数据

2020年世界有机农业概况与趋势预测 / 瑞士有机农业研究所(FiBL), IFOAM国际有机联盟(IFOAM - Organics International)编著; 正谷(北京)农业发展有限公司译. —北京: 中国农业科学技术出版社, 2020. 5

ISBN 978-7-5116-4663-7

Ⅰ. ①2… Ⅱ. ①瑞… ②I… ③正… Ⅲ. ①有机农业—农业发展—概况—世界—2020 ②有机农业—经济发展趋势—世界—2020 Ⅳ. ①F313

中国版本图书馆 CIP 数据核字(2020)第 055068 号

责任编辑 史咏竹
责任校对 李向荣

出 版 者 中国农业科学技术出版社
北京市中关村南大街12号 邮编: 100081
电 话 (010)82105169(编辑室) (010)82109702(发行部)
(010)82109709(读者服务部)
传 真 (010)82106626
网 址 http: // www.castp.cn
经 销 者 各地新华书店
印 刷 者 北京科信印刷有限公司
开 本 787mm×1 092mm 1/16
印 张 11.25
字 数 226千字
版 次 2020年5月第1版 2020年5月第1次印刷
定 价 50.00元

This document has been produced with the support of the Swiss State Secretariat for Economic Affairs (SECO), the International Trade Centre (ITC), the Sustainability Fund of Coop Switzerland (Coop Fonds für Nachhaltigkeit), and NürnbergMesse. The views expressed herein can in no way be taken to reflect the official opinions of SECO, ITC, Coop Switzerland, or NürnbergMesse.

Should corrections and updates become necessary, they will be published at www.organic-world.net.
This book is available for download at http://www.organic-world.net/yearbook/yearbook-2020.html.
Any inquiries regarding this book and its contents should be sent to Helga Willer, FiBL, Ackerstrasse 113, 5070 Frick, Switzerland, e-mail helga.willer@fibl.org.

Please quote articles from this book individually with name(s) of author(s) and title of article. The same applies to the tables: Please quote source, title of table and then the overall report. The whole report should be cited as:
Willer, Helga, Bernhard Schlatter, Jan Trávníček, Laura Kemper and Julia Lernoud (Eds.) (2020): The World of Organic Agriculture. Statistics and Emerging Trends 2020. Research Institute of Organic Agriculture (FiBL), Frick, and IFOAM – Organics International, Bonn.

Die Deutsche Bibliothek – CIP Cataloguing-in-Publication-Data A catalogue record for this publication is available from Die Deutsche Bibliothek

Research Institute of Organic Agriculture (FiBL), Ackerstrasse113, 5070 Frick, Switzerland, Tel. +41 62 865 72 72, Fax +41 62 865 72 73, e-mail info.suisse@fibl.org, Internet www.fibl.org

IFOAM – Organics International, Charles-de-Gaulle-Str. 5, 53113 Bonn, Germany, Tel. + 49 228 926 50-10, Fax +49 228 926 50-99, e-mail contact@ifoam.bio, Internet www.ifoam.bio, Trial Court Bonn, Association Register no. 8726

Language editing: Laura Kemper, FiBL, Frick, Switzerland

Cover: Simone Bissig, FiBL, Frick, Switzerland

Layout: Jan Trávníček, Bernhard Schlatter, Helga Willer, FiBL, Frick, Switzerland

Maps: Jan Trávníček, FiBL, Frick, Switzerland

Graphs (if not otherwise stated): Jan Trávníček, Bernhard Schlatter and Helga Willer, FiBL, Frick, Switzerland

Infographics: Kurt Riedi, FiBL, Frick, Switzerland

Printed by Medienhaus Plump, Rolandsecker Weg 33, 53619 Rheinbreitbach, Germany

Price: 30 Euros, IFOAM – Organics International affiliates: 20 Euros

Printed copies of this volume may be ordered directly from IFOAM – Organics International and FiBL (see addresses above) or via the FiBL shop at shop.fibl.org

ISBN Printed version 978–3–03736–158–0

ISBN PDF version 978–3–03736–159–7

Publishing company: Chinese translation rights arranged with China Agricultural Science and Technology Press Ltd, Beijing, China

《2020年世界有机农业概况与趋势预测》

翻译委员会

主　　任：张向东

副 主 任：张友廷　陈恩成　乔玉辉　邢建平
张婷婷　徐　新　张　铭　张建伟

执行主编：高鹏伟　赵惠娟　姚韫喆

译　　者：赵惠娟　姚韫喆　郑林莹　刘心童
何文芳　李　杰　刘议蔚　姜昊辰
李　婕　吴曰程　王玉斌　王　金
张耀匀　阴雪彤　邴小涵　王傲江
杭雪冰　倪一凡　姚　蕾

顾　　问：何小群　周泽江　欧阳喜辉
王启燕（Qiyan Wang-Mueller）
王茂华　肖兴基　张纪兵　游安君
李国秋　耿云霞　卢振辉　傅尚文
李　莉　徐晓丽　张　乐　唐茂芝

本翻译项目由正谷有机农业基金支持。

Foreword from FiBL

We would like to thank Organic and Beyond very much for their efforts to translate the yearbook " The World of Organic Agriculture " for the 9th time! This way, the study is reaching a broad audience and thus contributes to the promotion of organic agriculture worldwide.

China is an organic market with continued growth of area and retail sales. Currently, China has the fourth largest market for organic food and beverages worldwide, and it has the third-largest organic area.

We would like to thank our partners in China, without whom we would not be able to report the latest trends in the country: Qiao Yuhui from the China Agricultural University and Zejiang Zhou, President of IFOAM Asia. Furthermore, we would like to thank our funders: the Swiss State Secretariat for Economic Affairs (SECO), the International Trade Centre (ITC), the Sustainability Fund of Coop Switzerland, NürnbergMesse, and IFOAM – Organics International, who have been supporting the global data collection over the last years.

Data collection is a significant and constant concern of the Research Institute of Organic Agriculture (FiBL). The comprehensive data provided in this publication serve as a valuable tool for stakeholders, policymakers, authorities, and the industry, as well as for researchers and extension professionals. The data and information compiled in this volume show the latest statistics, recent developments and trends in global organic farming.

The current volume represents the translation of the 21st edition of " The World of Organic Agriculture " , which was published in February 2020 and launched at the BIOFACH organic trade fair in Nuremberg, Germany.

Further information can be found on our FiBL statistics website (https://statistics.fibl.org), where key data and interactive tables and infographic are available. On Organic-World.

net all editions of " The World of Organic Agriculture " can be downloaded and further information, such as maps, presentations, etc., can be found. Via our Twitter account @ FiBLStatistics, we keep our readers informed about the latest data on organic farming.

Helga Willer, Bernhard Schlatter, Jan Travnicek, Laura Kemper and Julia Lernoud

FiBL, Frick, Switzerland

March 2020

译 文

诚挚感谢正谷（北京）农业发展有限公司在翻译世界有机农业统计年鉴《世界有机农业概况与趋势预测》中所做的诸多努力！2020年是该公司第九年翻译此年鉴，他们的工作使更多人能够了解有机农业，并且为推动世界有机农业的发展做出了重要贡献。

中国的有机市场生机勃勃，有机农地面积和有机食品（含饮料）零售额持续增长。如今，有机农地面积世界排名为第三位，已经成为世界第四大有机市场。

我们非常感谢中国的合作伙伴：中国农业大学的乔玉辉教授、亚洲有机联盟（IFOAM Asia）主席周泽江先生。有了他们的帮助，我们才能够在本书中把中国最新的数据显现给大家。同时，也非常感谢我们的资助方，瑞士国家经济事务秘书处（SECO）、国际贸易中心（ITC）、瑞士COOP可持续发展基金会、德国纽伦堡展会公司（NürnbergMesse），以及IFOAM国际有机联盟（IFOAM – Organics International），感谢他们多年来在全球数据搜集方面的支持。

数据搜集是瑞士有机农业研究所（FiBL）非常重要的一项工作。本书可以看成一本工具书，所提供的数据为利益相关者、政策制定者、政府管理机构、有机行业从业者，以及相关研究人员和专业人员的工作提供了便利。在本书中汇编了最新的统计数据和信息，最近的进展，以及全球有机农业的趋势。

《2020年世界有机农业概况与趋势预测》译自*The World of Organic Agriculture: Statistics and Emerging Trends 2020*，即2020年版的世界有机农业统计年鉴。此年鉴自2000年开始编写，已历经21载。2020年2月，本书在德国纽伦堡举行的BIOFACH有机博览会上进行了正式发布。

如果您有兴趣了解更多的信息，www.organic-world.net网站有最新的数据和图表供您参考，并且该网站的新闻板块提供了有机农业领域的重要新闻和发展。原版英文书籍信息、相关地图和报告也可以从上述网站找到。同时，我们的Twitter账号@FiBLStatistics会不断更新有机农业相关的最新数据。

Helga Willer, Bernhard Schlatter, Jan Travnicek, Laura Kemper 和 Julia Lernoud
瑞士有机农业研究所
2020年3月

为有机农业注入更多活力

时间过得真快，转眼又是一个365天，从2000年开始，瑞士有机农业研究所（FiBL）和IFOAM国际有机联盟（IFOAM - Organics International）在瑞士联邦经济事务部（SECO）和世界贸易中心（ITC）的支持下，长期坚持联合编写这本我们通常称之为“世界有机农业统计年鉴”的书，到今年已经是第二十一本了。每一本年鉴都详细介绍了当年世界有机产业发展的现状和趋势。借助这本年鉴，遍布在全球的有机产业同行们及关心有机事业的朋友们不但可以对世界有机产业的发展有一个大概和明晰的了解，还可以借鉴年鉴中的数据和信息为自己的有机生产、贸易、研究、咨询和消费提供参考，更可以为各国各地的决策者提供决策依据。所以说，这本年鉴是我们有机界不可或缺的“宝书”，每到年初，大家就翘首以待，急切地期盼着它的发布。

在世界有机界的交流中，语言文字问题始终是一个很大的障碍，广大从事有机事业的生产者、加工者、贸易者和决策者往往由于语言和文字的障碍而无法及时得到相关的信息，虽然现代信息技术的发展已经为我们提供了极大的方便，但仍远远无法满足从业者和决策者在这方面的需求。2019年纽伦堡BIOFACH有机博览会期间，我有幸见证了瑞士有机农业研究所（FiBL）和IFOAM国际有机联盟（IFOAM - Organics International）与正谷（北京）农业发展有限公司就此年鉴中文版的翻译和出版发行签署合作协议的全过程，该协议肯定和赞赏了正谷（北京）农业发展有限公司多年来在这方面所做的无偿贡献，并为这项工作的长期继续开展打下了更为正式和坚实的基础。

在瑞士有机农业研究所（FiBL）专业人员的努力下，在IFOAM国际有机联盟（IFOAM - Organics International）信息源的支持下，在瑞士政府和世界贸易中心的帮助下，在正谷（北京）农业发展有限公司的公益奉献下，这本中文版的年鉴才让占全球人口20%的华人有了了解世界有机产业发展现状和趋势的便捷渠道。我们确实应该感谢他们，向他们致敬！

正谷（北京）农业发展有限公司成立刚过12年，却已经承担了这项工作9年，对照9年来的中文版年鉴，可以看出正谷已经培养出了一支合格的国际合作队伍，其翻译能力和专业水平一年比一年高，编辑技巧也是一年比一年成熟，在欣赏这一进步的同时我也要向他们表示祝贺。

2020年英文版年鉴的封面用的是中国江西省婺源县溪头乡有机茶园的照片，这是该年鉴英文版封面第一次采用来自中国有机农场的图像，这从一个侧面反映了中国的有机产业在国际上的影响力。中国的有机认证面积继续保持世界第三位，国内有机市场销售额继续保持世界第四位，面积和销售额都是稳中有升，这与全球的总趋势也是一致的。

从2015年韩国的槐山宣言开启有机3.0时代至今已经将近5年了，有机3.0时代倡导的创新发展、透明诚信、包容合作等重点举措正在逐步深入人心并付诸实践。世界经济在政局动荡、单边主义、贸易战以及诸多不可预计的因素影响下正面临极大的挑战，而有机产业却依然能够保持平稳持续增长的势头，说明基于有机农业四大原则基础上的有机产业具有强大的生命力。

相信广大有机同行和读者能从这本年鉴中看到世界有机产业的活力和希望，坚定从事和推动有机事业前进的信心，并向更多的从业者和朋友介绍和推荐此年鉴。同时也希望广大读者能就年鉴的内容开展积极的评论，发表自己的观点，并结合本地区的实际有所思有所行，这也是对为这本年鉴作出贡献的各方的最好回报。

亚洲有机联盟（IFOAM Asia）主席　周泽江

2020年2月2日

有机食品，为更好的未来

由瑞士有机农业研究所（FiBL）和IFOAM国际有机联盟（IFOAM－Organics International）共同编著的*The World of Organic Agriculture*：*Statistics and Emerging Trends*，对全球范围内的有机产业发展数据进行调研、统计与分析，是有机行业的专业书籍。自2000年起，该书每年进行一次整理汇编，较为全面地说明世界有机发展情况。

100多年前先驱者们所发起有机运动，经历了“以公益角度思考”的1.0时代、“商业模式与有机结合”的2.0时代，发展至今，迎来了3.0时代。在3.0时代，有机农业的社会、环境、哲学价值被进一步重视。有机农业的四项基本原则“健康（Health）”“生态（Ecology）”“公平（Fairness）”“关爱（Care）”不仅指导着有机相关产业的发展，同样指引着正谷持续推动有机事业、不断为客户创造价值。

正谷的价值创造与分享

作为IFOAM国际有机联盟全球合作伙伴，在IFOAM国际有机联盟和FiBL的支持下，正谷自2012年起对*The World of Organic Agriculture*：*Statistics and Emerging Trends*进行摘译，以中文版的《世界有机农业概况与趋势预测》为中国有机从业者带来了权威的全球产业信息，使关注有机行业的中方人士能够即时了解、跟进全球有机产业发展的步伐。

正谷连续9年翻译《世界有机农业概况和趋势预测》，为期望了解有机行业发展的国内人士提供了解途径。此外，正谷每年组织有机行业从业者，进行有机论坛交流，探讨有机农业相关生产技术、生产管理组织模式，以及对客户端的价值创造与分享等。

在此期间，正谷同联合国环境规划署（UNEP）、世界自然基金会（WWF）、IFOAM国际有机联盟（IFOAM－Organics International）、瑞士有机农业研究所（FiBL）、国家认证认可监督委员会等组织机构持续深入合作，共同推广可持续理念，推动国内有机行业发展。

正谷的有机商业实践

正谷成立于2007年。企业创立之初，中国的有机产业尚处于起步阶段，机遇与挑战并存。随着商业实践的不断推进，将业务定位与市场环境结合，以有机食品卡的形式，为企业客户提供礼品定制方案。团队以有机专业能力为保证，探寻世界范围内优势产区，建立正谷标准环球合作农场，提供从田间到餐桌的优质有机食材，这是正谷为客户进行价值创造的基础。

正谷全球价值链的建设，除了有利于不同国家和地区相互学习，提升有机农业生产技术，跟进国内外的行业情况和动向，同时也帮助人们从其他国家的文化、道德、社会意识等多个角度，全面看待人与自然，人与食物的关系，尊重各种生存际遇，关注地球环境的平衡发展。

通过有机食品礼品卡，我们持续与客户传递有机农业“健康”“生态”“公平”“关爱”的内涵，以及更多的可持续发展理念，共同关注食物健康、重视环境保护、尊重动物福利，以及平等对待生产者的权益。

正谷目前拥有2万多个企业客户，配送服务110多万个家庭，而正谷与客户产生链接的途径，是通过正谷有机卡。只有为客户创造价值，我们才有可能往前走。通过分享食物，表达对家人、对朋友的美好祝愿，呈上自然美味，表达美好情感，这也是正谷的首要使命。

携手共创美好未来

正谷的有机商业实践，离不开每一位老师、前辈、客户朋友的关注与支持。感谢大家的分享与指导，坚定正谷从事有机事业的决心、梳理事业奋斗的思路、厘清工作努力的方向。

感谢有机行业的老师们：周泽江、吴文良、肖兴基、郭春敏、李显军、杜相革、孟凡乔、乔玉辉、沈左锐、和文龙、车文毅、王大宁、顾绍平、何小群、王茂华、陈恩成、杨泽慧、唐茂芝、付尚文、卢振辉、张纪兵、耿云霞、李国秋、陈丛红、张同贵、宋宁、石嫣、常天乐、李峰、Louise Luttiholt、Peggy Miars、Urs Niggli、Helga Willer、Jennifer Chang、Markus Arbenz、Andre Leu等。

感谢给予正谷支持的国内外有机组织机构与科研院所：IFOAM国际有机联盟、瑞士有机农业研究所（FiBL）、BIOFACH国际有机食品博览会、南京国环有机食品发展中心、中绿华夏有机食品发展中心、中国检验认证集团、中国农业大学、中国农业科学院等。

国内有机行业存在着许多挑战，希望在大家的鼓励与支持下，正谷能够不断创造价值，共同推动有机发展。

Organics:　better food, better future!

有机食品：呈上自然美味，表达美好情感！

正谷（北京）农业发展有限公司创始人、董事长　张向东

前 言

自2000年始，国际权威有机农业研究机构瑞士有机农业研究所（FiBL）和IFOAM国际有机联盟（IFOAM－Organics International）开展对全球范围有机产业发展的调研和数据统计与分析，截至2020年，已连续21年发布世界有机农业统计年鉴。随着相关工作越来越规范，信息的来源也越来越多，数据的全面性和准确性不断增强，许多政府机构、科研院所、认证机构、社会组织、有机企业和相关媒体纷纷转载和引用，可以说该统计年鉴已得到了全球有机界的充分肯定和认可。

世界有机农业统计年鉴的专业性与权威性是毋庸置疑的，非常有必要尽快翻译成中文并对外发布。正谷（北京）农业发展有限公司（以下简称正谷）有机农业团队自2012年起已连续9年在瑞士有机农业研究所（FiBL）和IFOAM国际有机联盟（IFOAM－Organics International）的支持下摘译并发布该统计年鉴的中文版，并将中文摘译版刊登在FiBL官网。此项工作为我国的有机从业者带来了大量权威的全球产业信息，使关注有机行业的中方人士能够及时了解并跟上全球有机产业发展的步伐。

正谷的董事长张向东先生非常重视本书的翻译工作，连续9年拨款支持本书的翻译、出版及推广，并强调时效性，才使得本书能够顺利出版发行，在此表示感谢！

《2020年世界有机农业概况与趋势预测》的翻译工作是在正谷有机农业技术中心同事们的主导下，由志愿者共同完成的。志愿者中有正谷的同事，也有热爱有机事业的国内外伙伴：张友廷、高鹏伟、邢建平、张婷婷、徐新、张铭、张建伟、赵惠娟、姚韫喆、郑林莹、刘心童、何文芳、王金、张耀匀、阴雪彤、邴小涵、王傲江、杭雪冰、倪一凡、姚蕾、许旦妮、田甜、安思静、申荣荣……在此一并感谢！

从2019年开始，中国农业大学经济管理学院博士生导师、国家农业农村发展研究院研究员王玉斌带领其团队参与了世界有机农业统计年鉴的翻译，2020年再次参与，在此感谢王玉斌研究员及李杰、刘议蔚、姜昊辰、李婕、吴曰程等同学的积极参与。

感谢瑞士有机农业研究所（FiBL）的Helga Willer和Ecovia Intelligence的Amarjit Sahota先生，在IFOAM国际有机联盟（IFOAM－Organics International）、瑞士有机农业研究所（FiBL）和Ecovia Intelligence的支持下，正谷取得《2020年世界有机农业概况与趋势预测》中文翻译权，就是希望能够为进一步推动有机农业和有机产业的发展提供支撑和帮助。特别感谢瑞士有机农业研究所（FiBL）的王启燕（Qiyan Wang-Mueller）博士在双方的沟通中给予的支持与帮助。

感谢国家市场监督管理总局认证监管司刘卫军司长、薄昱民副司长、何小群处长和陈恩成对本书翻译工作的关注和大力支持。我们还要特别感谢亚洲有机联盟（IFOAM Asia）主席周泽江先生！感谢周老师长期以来的耐心指导和支持！

读者如需了解英文版信息，可登录瑞士有机农业研究所（FiBL）网站（http://www.organic-world.net/yearbook/yearbook-2020.html）索取英文相关资料。

《2020年世界有机农业概况与趋势预测》翻译委员会

2020年3月2日

有机农业的发展原则

健康原则（The Principle of Health）

有机农业应当将土壤、植物、动物、人类和整个地球的健康作为一个不可分割的整体而加以维持和加强。

这一原则指出，个体与群体的健康是与生态系统的健康不可分割的，健康的土壤可以生产出健康的作物，而健康的作物是健康的动物和健康的人类的保障。

生态原则（The Principle of Ecology）

有机农业应以有生命的生态系统和生态循环为基础，与之合作、与之协调，并帮助其持续生存。

这一原则将有机农业植根于有生命的生态系统中，它强调有机农业生产应以生态过程和循环利用为基础，通过具有特定的生产环境的生态来实现营养和福利方面的需求。对作物而言，这一生态就是有生命的土壤；对于动物而言，这一生态就是农场生态系统，对于淡水和海洋生物而言，这一生态则是水生环境。

公平原则（The Principle of Fairness）

有机农业应建立起能确保公平享受公共环境和生存机遇的各种关系。

公平是以对我们共有的世界的平等、尊重、公正和管理为特征的，这一公平既体现在人类之间，也体现在人类与其他生命体之间。

关爱原则（The Principle of Care）

应以一种有预见性的和负责任的态度来管理有机农业，以保护当前人类和子孙后代的健康和福利，同时保护环境。

这一原则强调，在有机农业的管理、发展和技术筛选方面最关键的问题是实施预防和有责任心。

原文请详见IFOAM国际有机联盟官网http://www.ifoam.org/about_ifoam/principles/index.html

目　录

1 全球有机农业概况①

1.1 世界有机农业调查数据

全球有机农业最新数据显示，2018年对于全球有机农业来说又是一个丰收之年。根据瑞士有机农业研究所（FiBL）在全球范围内对来自186个国家和地区的调查数据显示（表1-1），有机农地面积和有机零售额持续增长并达到了历史新高（截至2018年年底）。

1.1.1 世界有机农地面积超过7 150万公顷，其中澳大利亚有机农地面积最大

2018年，全球以有机方式管理的农地面积共计约7 150万公顷（包括处于转换期的土地）。有机农地面积最大的两个大洲分别是大洋洲（约3 600万公顷，约占世界有机农地的一半）与欧洲（约1 560万公顷，22%）。拉丁美洲拥有800万公顷（11%），其次是亚洲（约650万公顷，9%）、北美洲（约330万公顷，5%）和非洲（约200万

---

① 本章作者：Helga Willer、Bernhard Schlatter、Jan Trávníček、Laura Kemper和Julia Lernoud；翻译：何文芳。

公顷，3%）。有机农地面积最大的3个国家分别是澳大利亚（3 570万公顷）、阿根廷（360万公顷）和中国（310万公顷）。

表1-1　2020年发布的世界有机农业关键指标和主要国家/地区

指　标	世　界	主要国家/地区
具有有机认证数据的国家	2018年：186个国家	
有机农地	2018年：7 150万公顷 （1999年：1 100万公顷）	澳大利亚：3 570万公顷 阿根廷：360万公顷 中国：310万公顷
占所有农地份额	2018年：1.5%	列支敦士登：38.5% 萨摩亚：34.5% 奥地利：24.7%
野生采集和非农业用地有机面积	2018年：3 570万公顷 （1999年：410万公顷）	芬兰：1 130万公顷 赞比亚：320万公顷 坦桑尼亚：240万公顷
有机生产者	2018年：280万人 （1999年：20万人）	印度：1 149 371人 乌干达：210 352人 埃塞俄比亚：203 602人
有机市场规模[1]	2018年：967亿欧元 （2000年：151亿欧元）	美国：406亿欧元 德国：109亿欧元 法国：91亿欧元
有机市场份额		丹麦：11.5% 瑞士：9.9% 瑞典：9.6%
人均消费	2018年：12.8欧元	瑞士：312欧元 丹麦：312欧元 瑞典：231欧元
拥有有机法规的国家数量	2018年：103个国家	
IFOAM国际有机联盟会员机构数量	2018年：来自110个国家的779个会员机构	德国：79个会员机构 印度：55个会员机构 美国：48个会员机构 中国：45个会员机构

数据来源：2020年FiBL调查

注1：由于统计方法不同，Ecovia Intelligence和FiBL提供的有机食品销售数据存在差异。根据Ecovia Intelligence提供的数据，2018年全球有机零售额超过1 050亿美元；根据欧洲中央银行的数据，2018年1欧元相当于1.181 0美元。

1.1.2 全球范围内，有机农地占比为1.5%，其中列支敦士登的有机农地比例最高，为38.5%

目前，全球1.5%的农业用地都是有机农业用地。从地域上来看，在农业用地总面积中有机农地占比最高的两个大洲分别是大洋洲（8.6%）和欧洲（3.1%，其中欧盟有机农地占比为7.7%）。一些国家的有机农地份额占比远远高于全球：列支敦士登（38.5%）和萨摩亚（34.5%）的有机农地占比最高。有16个国家，其国内至少10%以上的农业用地是有机耕作的。

1.1.3 2018年全球有机农地面积增加200万公顷，增长率为2.9%

2018年全球有机农地面积增加了200万公顷，增长率为2.9%。许多国家有机农地面积增长显著，如法国（增长16.7%，超过27万公顷）和乌拉圭（增长14.1%，近24万公顷）。

各大洲的有机农业用地面积都有所增加。欧洲有机农地面积增加了近125万公顷（增长8.7%）。亚洲有机农地面积增加了54万公顷，增长了将近8.9%；非洲有机农地面积增加超过4 000公顷，增长了0.2%；拉丁美洲有机农地面积增加了13 000公顷，增长了0.2%；北美洲有机农地面积增加了近10万公顷，增长超过3.5%；大洋洲有机农地面积增加超过10万公顷，增长了0.3%。

除了有机农业用地外，还有归类在其他生产形式里的有机土地，其中大部分面积为野生采集和养蜂业用地。其他非农业用地的生产形式还包括水产养殖、森林和天然牧场。这些非农业用地的面积超过3 570万公顷。

1.1.4 大部分主要有机作物面积有所增长

统计中，超过92%的有机农业用地，上报了详细的土地利用和作物种植情况。遗憾的是，一些拥有较大有机面积的国家，如巴西和印度，还缺少土地使用方面的详细信息。

超过2/3的农业用地是草原或放牧区域（超过4 820万公顷），在2018年面积增长了2.9%。季节性作物农地面积自2017年以来增长了近4.9%，总面积超过1 330万公顷，占有机农业用地面积的18.6%。在季节性作物这一土地使用类型中，大部分土地被用于种植谷物类作物，包括水稻（450万公顷）、青饲料（近390万公顷）、油料作物（150

万公顷）、干豆类和纤维作物。由纺织品交易所提供的有机棉花的详细信息显示，在2017—2018年，全球有机棉产量以惊人的速度增长了56%，全球交易量高达180 871吨，是2010/2011年度以来的最高交易量。有机棉花的增长量主要来自印度、中国和吉尔吉斯斯坦，其次是土耳其、坦桑尼亚和塔吉克斯坦。

多年生作物用地占有机农业土地的7%，总面积超过470万公顷。与之前的调查相比，面积减少超过14万公顷（占比2.9%），面积下降的主要原因是墨西哥提供的数据中咖啡和热带水果的种植面积减少了。最重要的多年生农作物是橄榄，种植面积近90万公顷（18%），其次是坚果（超过70万公顷，15%）、咖啡（超过70万公顷，15%）、酿酒葡萄（40万公顷，9%）、椰子（40万公顷，8%）和可可（超过30万公顷，7%）。

1.1.5 有机生产者数量在增加，2018年有280万名有机生产者

2018年，全球至少有280万名有机生产者。其中，47%的有机生产者分布于亚洲，其次是非洲（28%）、欧洲（15%）和拉丁美洲（8%）。有机生产者最多的3个国家分别是印度（1 149 371人）、乌干达（210 352人）和埃塞俄比亚（203 602人）。与2017年相比，有机农业生产者数量减少了近15万人，降幅将近5%。

1.1.6 2018年全球有机市场销售额已超过950亿欧元

虽然有机食品销售额正以稳健的速度持续增长，但其中仍存在一些持久的挑战，例如，集中化的需求——有机食品的需求仍然集中在北美洲和欧洲。尽管这两个地区的有机食品的销售份额正在下降，但仍然占全球销售额的很大一部分。相反，有机食品的销售在拥有强大本地市场的亚洲、拉丁美洲和非洲国家的发展一直是一项挑战。

根据FiBL调查数据，2018年全球有机食品和饮料的销售额超过950亿欧元。在2018年，最大的有机产品市场是美国（406亿欧元）、德国（109亿欧元）和法国（91亿欧元）。最大的单一市场是美国（占全球市场的42%），其次是欧盟（373亿欧元，38.5%）和中国（81亿欧元，8.3%）。2018年全球有机食品人均消费最高的国家是瑞士和丹麦，为312欧元。有机市场份额占比最高的国家是丹麦（11.5%）、瑞士（9.9%）和瑞典（9.6%），丹麦也是第一个有机市场份额超过10%的国家。

1.1.7 欧盟有机产品进口

欧盟作为第二大有机市场，提供了有机产品进口、展销数据，并且首次提供了主

要进口产品和进口国家的数据。2018年，欧盟共进口330万吨有机农产品。热带水果（新鲜水果或果干）、坚果和香料进口量最大，总计793 597吨，占总进口量的24.4%。其次是豆饼、除小麦以外的谷物、大米和小麦。中国是欧盟最大的有机农产品供应国，向欧盟出口农产品415 243吨，占欧盟有机产品进口总量的12.7%。厄瓜多尔、多米尼加、乌克兰和土耳其各占欧盟有机产品进口总量的8%。

1.1.8 标准、法规和政策支持

根据IFOAM国际有机联盟对相关标准和立法情况的调查，2019年有84个国家制定了有机产品标准，17个国家正在起草相关法案。欧盟在2018年通过了新的有机法规的基本提案，该法案将于2021年生效。在2018年，关于授权和实施生产、贴标、监督和贸易行为的二级法案已在起草和确立中，2020年这些立法程序将会继续进行。团体认证发生了重要变化，目前只有在经过经济合作与发展组织（OECD）认证过的发展中国家的小型运营商才被允许做团体认证。在新规定下，包括欧盟在内的世界任何地方都能进行团体认证。团体认证意味着一定数量的小农户可以组织起来成为单个实体进行认证。

在最近研究项目“团体认证：有机农业的内部控制体系的意义、机遇和挑战”中，FiBL和IFOAM国际有机联盟按地区和国家检查了团体认证的规模和范围。根据FiBL的估算，全球约80%的有机生产者是中低收入国家（共58个国家）的小农户，对他们来说，难以负担有机认证费用，并且面临管理复杂的问题而难于管理。2018年，共有5 800个内部控制体系（ICS）团体组织了260万名有机生产者，管理着450万公顷的有机土地。

在《喜马拉雅地区有机农业的主流化》一文中，作者分析了不丹、印度和尼泊尔的政策环境。在过去的10年中，不丹、尼泊尔和印度的决策者越来越认识到为了保护其自然资源并改善农村人口的生计，向包括有机农业系统在内的可持续农业转型是必要的。但是，这种转型也面临着许多挑战。

参与式保障体系（PGS）是面向本地的质量保证体系，并被认为是第三方认证的低成本替代方式，以及开发当地市场有机农产品的有效工具，尤其适用于小规模农户。自2004年以来，各洲参与PGS体系计划的数量都在增加，在许多国家中，PGS已成为一种完善的有机农业保障体系。2019年，有10个国家认可PGS作为确保国家级有机产品质量的保障体系。2019年，IFOAM国际有机联盟的PGS数据库中记录了76个国家/地区的223个PGS计划，至少567 142名有机农业生产者参与其中。这些有机农业生产者中，有

496 104名获得认证。

德米特国际（Demeter International）提供的统计数据显示，在全球63个国家/地区有5 900多名农民和超过20万公顷土地以德米特标准进行管理（截至2019年6月）。德米特国际成立于1997年，目前有来自欧洲、美洲、非洲、新西兰和印度的19名成员和4名客座成员。

1.2 各地区有机农业概况

1.2.1 非 洲

2018年，非洲通过有机认证的农地面积超过200万公顷。与2017年相比，增加了4 130公顷，增长了0.2%。非洲至少有80.6万名有机生产者。突尼斯是非洲有机农地面积最大的国家（2017年有近306 500公顷），而乌干达拥有数量最多的有机生产者（超过21万人）。有机农地占比最高的国家是圣多美和普林西比，该国22.5%的农地为有机农地。非洲绝大部分的有机认证产品用于出口。主要的农作物有咖啡、橄榄、坚果、可可、油料作物和棉花。在非洲，有4个国家已拥有有机农业相关法规，6个国家正在起草有机法规，5个国家拥有国家标准，但是并没有相关有机法规。

为将有机农业主流化纳入政策、国家推广体系、市场营销、价值链发展以及一些学术机构的课程和非洲主导的研究活动中，非洲各国已经做出了巨大的努力。生态有机农业倡议（EOA-I）的合作伙伴建立了数据库，以便使各种用户可以访问并获取有关生态有机农业（EOA）的研究结果和相关知识。8个参与生态有机农业倡议（EOA-I）的国家（贝宁、埃塞俄比亚、肯尼亚、马里、尼日利亚、塞内加尔、坦桑尼亚和乌干达）建立了具有不同成员组成的多方利益相关者平台。因此，一些国家通过政策制定和提出政策草案，在倡导政策变革方面取得了良好的进展。由非洲联盟（AU）主导的生态有机农业倡议（EOA-I）大陆指导委员会（Continental Steering Committee，简称CSC）提供了有关在非洲实施生态有机农业（EOA）的战略指导，包括敦促农业、农村发展、水和环境专业技术委员会常委的部长们批准将有机农业的主流化纳入国家范畴、政策、计划和项目中。

2019年非洲举行了几项重要会议：2019年6月在肯尼亚内罗毕举行的第一届关于农业生态学转型农业和粮食体系的国际会议；西非有机网于11月12—15日在加纳举行第五届西非有机会议“有机农业：与万物和谐共生”；于11月11—12日在摩洛哥马拉喀什

举行的欧盟—北非第一届有机农业会议，聚焦于“缩小差距，助力非洲有机农业”。非洲有机农业研究人员网（NOARA）严格地推进了此次活动，有来自16个国家超过200个成员注册，遍布非洲所有地区和非洲之外的3个国家，对在非洲举行的各种有机农业会议做出了贡献。该网络在第五届西非有机会议上发布了首版《非洲有机农业与生态学杂志》（AJOAE），目前正在领导研发以需求为导向的非洲有机农业研究议程2030（OARAA 2030）。在多方的努力下，该议程预计将在2020年6月完成。在非洲支持有机农业的势头有所增强，预计来年会取得更多的进展。

1.2.2 亚　洲

2018年，亚洲有机农业用地总面积超过650万公顷。有130万有机农业生产者，其中大部分在印度。亚洲有机农地面积最大的国家是中国（310万公顷）和印度（超过190万公顷）。东帝汶的有机农地占比最高（16.8%）。有17个国家拥有有机农业法规，还有8个国家正在起草相关法规。2019年，一些亚洲国家在有机农业领域取得了重大成就，例如中国发布了第三版国家有机标准。同样，菲律宾国家有机农业委员会批准了将参与式保障体系（PGS）纳入国家有机标准的决议。在韩国，一项试点工程开始为军事基地提供环保大米，中央政府批准了为孕妇提供环保食品的“环保食品计划”预算。两项举措都有望大幅促进韩国有机农业发展。亚洲对有机食品的需求持续快速增长，但是并不确定本地有机产品的供应能否跟上不断增长的需求。

2019年亚洲的许多活动表明了亚洲有机行业的活力，例如IFOAM Asia在中国和菲律宾设立了代表处。随着2019年9月国际有机农业政策峰会的举办，全球对亚洲有机农业地方政府（ALGOA）的关注度与日俱增。亚洲有机青年论坛将于2020年6月扩展为“世界有机青年论坛”。2019年12月成立的亚洲有机创新委员会将研究和记录亚洲最佳的创新实践经验。

1.2.3 欧　洲

截至2018年年底，欧洲有超过418 000名有机生产者（欧盟超过327 000名）管理着1 560万公顷的有机农业用地（欧盟为1 380万公顷）。欧洲有机农业用地占3.1%（欧盟为7.7%）。与2017年相比，有机农地面积增加了超过125万公顷。欧洲有机农地面积最大的国家是西班牙（220万公顷）、法国（200万公顷）和意大利（200万公顷）。有10个国家的有机农地比例超过10%，列支敦士登居首位（38.5%），其次是奥地利

（24.7%）和爱沙尼亚（21.6%）。2018年，欧洲有机产品零售总额为407亿欧元（欧盟为374亿欧元），比2017年增长了7.8%。2018年欧洲最大的有机产品市场是德国，零售额为109亿欧元，其次是法国（91亿欧元）和意大利（35亿欧元）。欧洲大部分有机食品的销售额是由主流零售商贡献的。2018年6月，欧盟颁布新的有机产品生产和标识法规2018/848，该法规将于2021年1月1日生效。各种二级法规的制定于2018年6月开始，最迟于2020年6月结束，即新的有机法规的实际实施前6个月完成。此外，欧洲委员会于2018年6月发布了2021—2027年期间共同农业政策（CAP）的提案。共同农业政策的新特征是提出了生态计划，该计划对想要为气候和环境做出更多贡献的农民提供了很好的补偿机会。但是，IFOAM EU表示，生态计划需要进一步的改善以支持满足包括有机农业在内的众多目标的农业体系。在研究方面，启动了一些关注于有机农业的重大项目。有机食品和农业技术平台（TP Organics）完成了新的《有机产品与农业生态战略研究与创新议程》（TP Organics 2019）。该文件旨在将有机行业的研究需求传达给政策制定者。4个主要研究领域（有机产品的进一步研究、重新制定粮食和农业政策、适应气候变化、多样化的耕作制度及可持续的价值链）和29个已确定的优先项目点需要欧盟级别的支持。

1.2.4　拉丁美洲和加勒比海地区

2018年，拉丁美洲和加勒比海地区有近228 000名有机生产者管理着超过800万公顷的农业土地，该面积占整个地区农地总面积的1.1%，世界有机农地总面积的11%。该地区拥有有机农地最多的国家是阿根廷（360万公顷）、乌拉圭（210万公顷）和巴西（120万公顷）。有机农地占比最高的国家是乌拉圭（14.9%），其次为法属圭亚那（10.1%）和多美尼加共和国（7.2%）。许多拉美国家依然是有机产品如咖啡、可可和香蕉的重要出口国。在阿根廷和乌拉圭，温带水果和猪肉为重要的出口商品。此地区19个国家拥有有机农业相关法规，1个国家正在起草有机法规。巴西拥有拉丁美洲最大的有机产品市场。与亚洲相似，该地区有机产品的需求来自正在增长的中产阶级，他们倾向于寻求健康、营养的食品。

2019年，墨西哥、智利、巴西和秘鲁在有机农业方面都取得了显著的发展。在墨西哥，新的《国家农业生态计划》旨在将农业生态作为环境政策的指导原则，涵盖生产、分配、加工和消费等方面。2019年4月，智利和巴西宣布实施《有机产品谅解备忘录》。该备忘录将通过相互承认对方的认证和控制系统，促进两国有机产品贸易。为了促进健康饮食和营养教育，秘鲁于2019年11月举行了第一次国际食品教育论坛。秘鲁推行第30021号法律《健康饮食促进法》，旨在促进健康食品教育政策和学校的国家营养教育计划。国家和政府通过这些举措，使以有机和生态农业方式生产的食品受到重视。

1.2.5 北美洲

2018年，北美洲有机方式管理的农地面积约为330万公顷，其中美国有机农地面积约200万公顷，加拿大130万公顷。该地区有机农地占全部农地面积的0.8%。

美国有机食品市场和非食品有机市场创下了新纪录。有机食品销售额达到479亿美元，比2017年增长5.9%。非食品有机产品的销售额跃升10.6%，达到46亿美元。在美国，目前有机食品的销售额占总食品销售额的6%。2019年，美国有机农业部门推进了一项创新的核查计划，在不到一年的时间里，有机利益相关者投资了150万美元用来推进针对4个关键行动的项目。美国国家有机计划（NOP）有望在2020年初发布有关“加强有机执法和监督”的提案，旨在加强监管和执法的多个领域的有机法规。

加拿大的有机市场总额（包括食品和非食品商品）达到63.8亿加元[①]，比2012年增长了35亿加元，复合年均增长率为8.7%。数据显示，2017年，通过主流零售商销售的有机食品和饮料的市场份额已从1.7%增长到2.6%。加拿大有机标准每5年更新一次，目前新标准正在接受审核，将于2020年11月发布，并将于2021年11月强制实施。加拿大将根据这些变化以及新的法规框架审查等效协议。

1.2.6 大洋洲

大洋洲包括了澳大利亚、新西兰和太平洋岛国，共有约2.1万名有机农业生产者，管理着3 600万公顷的有机农地。该地区有机农地面积占总农地的8.6%，占世界有机农地的一半。该地区99%以上的有机农地分布在澳大利亚（3 570万公顷，大部分为广袤无垠的牧场），其次是萨摩亚（超过9.7万公顷）和新西兰（近8.9万公顷）。有机农地占比最高的国家是萨摩亚，约有34.5%的土地进行有机种植；其次是瓦努阿图（13.7%）、斐济（9.7%）、澳大利亚（8.8%）、基里巴斯（4.7%）和所罗门群岛（4.4%）。大洋洲有4个国家有关于有机农业的立法，有12个国家有国家标准但没有有

① 根据欧洲中央银行的数据，2018年1加元相当于0.772美元。

机立法。

2018年澳大利亚许多地区依然经历严重的干旱，尽管面临诸多严峻的环境挑战，2018年澳大利亚有机产业（出口和零售）持续增长，目前估值达26亿澳元。出口市场对澳大利亚有机产品的青睐持续增长，2018年澳大利亚出口总额自2017年以来增长了13%。在2018年，有30 155吨有机产品出口到61个国家。有机认证在整个太平洋地区不断扩大，并且各国政府对采取行动创造支持性政策环境的兴趣日益浓厚。地区和国家机构与发展合作伙伴越来越认识到在太平洋岛屿背景下，有机农业具有重要的发展价值。太平洋地区的参与式保障体系（PGS）模式包括野外收获，涵盖全岛范围，其中也涉及更传统的种植者群体，目前有11种参与式保障体系（PGS）被批准使用Organic Pasifika商标。在本地市场和出口的经PGS认证的产品的数量和种类正在增加。第三方有机认证持续缓慢增长。对于一些多年生作物（如椰子）的种植者而言，要在热带气旋造成破坏后的恢复期内维持认证变得很不划算。在气候变化情境下，气候事件更加频繁和强烈，可能会加剧这些问题。

1.3 展　望

IFOAM国际有机联盟执行主任Louise Luttikholt表示："联合国机构越来越认识到农业生态学作为一门科学、一种实践和一项社会运动，在助力农业和粮食体系更加可持续发展中的作用。在2019年10月召开的世界粮食安全委员会的粮农组织会议上，与会国家代表对'扩大农业生态'倡议表示了压倒性的支持。IFOAM国际有机联盟很荣幸通过'诚信食品'（www.honestfood.bio）等全球活动来支持这些举措。通过密切交流有机农业的积极贡献，我们可以建立新的伙伴关系，共同提高对有机农业如何成为解决方案之一的认知。"

1.4 IFOAM世界有机大会和统计会议

第二十届世界有机大会（OWC）原定于2020年9月21—27日在法国雷恩举行，但因受新冠肺炎影响，该届有机大会时间调整为2021年9月6—10日。在大会召开之前的几天里，与会代表将有机会参加8场针对特定主题的预备会议之一，其中有一场是关于统计的会议。更多信息请登录2020世界有机大会网站https：//owc.ifoam.bio/2020/。

1.5 瑞士有机农业研究所（FiBL）的下一年度全球有机农业调查

下一年度的全球有机调查将于2020年中旬开始，并将于2021年2月发布数据结果，同时在德国纽伦堡Biofach有机博览会上展示。我们将联系所有相关专家，如果您能够将数据提供给我们，我们将不胜感激。如果您在本书中发现有关统计数据的任何错误，请通知我们，我们将更正数据库中的信息，并在2021年世界有机农业统计年鉴中提供更正后的数据。更正数据也将发布在www.organic-world.net网站上。

联系方式：helga.willer@fibl.org

2 全球有机农业现状

2.1 全球有机农业面积、从业者和市场现状①

第二十一次全球范围内的有机农业认证调查由瑞士有机农业研究所（FiBL）联合全球合作伙伴共同完成，调查结果由FiBL和IFOAM国际有机联盟联合发布。本次调查获得来自瑞士国家经济事务秘书处（SECO）、国际贸易中心（ITC）②、瑞士COOP可持续发展基金会③以及纽伦堡展会公司④的支持。

数据共由超过200个专业组织及个人提供。数据的收集工作由政府部门、民间组织、认证机构以及市场调研公司完成。其中，特别强调以下国际性认证机构的贡献，他们提

---

① 本章节作者：Bernhard Schlatter、Jan Trávníček、Julia Lernoud和Helga Willer；翻译：王金、张耀匀、阴雪彤、邴小涵和王傲江；作图：赵惠娟。

② 自2014年，全球有机农业的数据收集由国际贸易中心（ITC）与瑞士国家经济事务秘书处（SECO）资助，属于"T4SD-有机农业和可持续性标准的市场数据全球平台"项目。更多关于该项目的信息，参见www.vss.fibl.org。

③ 自2019年，全球有机农业的数据收集由瑞士COOP可持续发展基金会资助。

④ BIOFACH的组织者，该全球有机农业贸易集会位于德国纽伦堡。自2000年，该机构资助了全球有机农业的数据收集以及世界有机农业年鉴的制作。

供了许多国家的数据：BioInspecta、CCPB、CERES、Certisys、Control Union、Ecocert、Ecogloble、Ekoagros、ICEA、Imocert、Kiwa BCS Oko-Garantie GmbH、LACON、NASAA Certified Organic（NCO）、Organic Agriculture Certification Thailand（ACT）、Organización Internacional Agropecuaria（OIA）、OneCert及Quality Certification Services（QCS）。

本次与美洲有机农业委员会（CIAO）的全新合作很大程度上减轻了在拉丁美洲加勒比海地区的数据收集压力。同过去10年一样，地中海国家的数据由地中海有机农业网络（MOAN，巴里地中海农业研究所）提供，太平洋群岛的数据由太平洋有机和道德贸易社区提供（POET.com）。此外，欧盟统计局（Eurostat）也是提供涵盖诸多国家数据的重要来源。

总体而言，此次调查得到了186个国家（地区）的数据。冈比亚、几内亚、毛里塔尼亚以及马约特岛都是新增数据的国家（地区）。142个国家提供了有机农地面积的更新数据。然而，对于一些国家而言，其更新的数据仅仅是在有机农地总面积方面，不包含关于农场数量、土地使用情况或其他一些指标的数据。另外，FiBL会从认证机构获得部分国家的数据，但并不是所有认证机构都提供了更新数据。当最新的数据无法获得时，就会沿用之前调查的数据。

收集的数据指标包括：有机农地面积，包括农作物的分类；家畜数量；生产的数据（产量和价值）；生产者和其他经营者的类型；国内市场数据（零售总额和食品服务销售价值、交易量、人均消费、市场份额以及各类产品情况）；国际贸易数据（进出口贸易总额和贸易量，以及各类产品的情况）。

由于不能获得完整的全球信息，本书未能发布收集到的全部数据（例如，产量、家畜数量、有机产品细分的国内市场和国际市场交易数据）。更多关于数据收集与分析过程的信息可在http：//orgprints.org/31359网站上查询。

在2020年次的调查中我们经历了以下一系列的挑战。

第一，原本数据库的数据已经几年没有更新或确认。因此我们决定不再使用特定年度后的数据（如2015年以前），这导致了一些国家有机农地面积与生产者数量的显著下降。

第二，对一些国家不合理的作物数据进行了修订。

第三，收到了一些国家的数据修订，这与我们之前沟通的内容有所差异，导致一些有机农地面积与生产者数量下降或者作物数据变化。

第四，墨西哥的特殊情况。由于一些认证机构提供的生产者数据包括了小农户，但另一些机构仅仅提供认证农户的数据，所以在数据整理和分析时我们遇到了较大的挑战。这一问题在墨西哥尤为突出，由于我们和不同的数据提供方合作了，新的数据中不再包含小农户的信息，导致包括墨西哥在内的拉丁美洲整体有机生产者数据大幅下降。这一影响也同样反映在全球数据上，较2017年，减少了15万个（5.0%）生产者。但是，除拉丁美洲和非洲外，其他洲的生产者数量有所上升。

更多信息请查询statistics.fibl.org。

2.1.1 对于数据的总体说明

有机面积：数据表示已认证的有机农地面积，是指已通过认证或者正在转换期中的土地，因为很多数据来源无法区分这两者，但也有的数据来源不包含转换期中的土地（如奥地利、德国和瑞士），并且处在转换期中的土地也在有机方式下管理着。关于有机农业的定义，请查阅IFOAM国际有机联盟网站www.ifoam.bio/en/organic-landmarks/definition-organic-agriculture。

占全部农地的比例：有些国家的有机农地占全部农地的比例或者占单品作物的比例是基于联合国粮食及农业组织统计数据库（FAOSTAT）的数据或欧盟统计局（Eurostat）数据计算的。由于数据来源的不同，计算的比例可能会跟当地政府部门或专家提供的数据有所差异。

生产者数据：一些国家提供了小农户的数量，而有的仅提供了公司、项目或种植者的数量，这会使得生产者数量有偏差。这一情况在非洲国家尤为突出。因此，实际的生产者数量应该会比在本书中发布的数量要多。

市场数据：值得注意的是在不同国家中市场和贸易数据使用的统计方法不同，因此难以做比较。此外，汇率的浮动也必须考虑在内。

PGS：从2011年起，一些国家也提供了参与式保障体系（PGS）认证的面积。

国家：对于国家与地区，使用了联合国粮食及农业组织的国家列表，本书中所指的“国家”包括国家和领土。按区域划分的国家大多数情况下使用了联合国统计司确定的国家和地区代码分类。

数据来源：数据从民间机构、政府、认证机构等处获得。

直接的年际比较：因为数据来源可能存在变化，直接的年际间的比较不适用于所有数据，有些数据也不是每年都会更新，数据可能比以前容易获得，汇率也会变化。

数据完整性：对于一些国家，或是当前数据不可用，或是提供的数据不够完整。而且还有一些国家则没有可用数据。因此可以推测有机农业的范围大于本次发布的记录。

数据修订：数据修订和更正发布在www.organic-world.net/statistics网站上。

元数据：FiBL全球有机农业调查元数据公布在Organic Eprints，网址为http：//orgprints.org/31359。

2.1.2 有机土地

2.1.2.1 有机农业用地

在2018年，全球以有机农业方式耕作的土地面积为7 150万公顷①。

拥有最多有机农地的地区是大洋洲，为3 600万公顷；其次为欧洲1 560万公顷，拉丁美洲800万公顷，亚洲650万公顷，北美洲330万公顷，非洲200万公顷。

大洋洲的有机农地数量占全球总量的一半。欧洲的有机农地数量在近些年一直保持非常稳定的增长，目前超过了全球有机农业用地的22%。拉丁美洲有机农地面积占全球有机农地的11%（图2-1）。

澳大利亚的有机农地面积在2018年保持继续增长（增长了42 761公顷），是目前拥有有机农地最多的国家，据估计其中97%都是广阔的草原。阿根廷排在第二位，紧随其后是中国。有机农地面积排名前十位的国家拥有合计5 620万公顷的有机农地，占世界有机农地的3/4（图2-2）。

除了有机农业用地，还有其他的有机区域，如野生采集区域。这些区域的面积超过3 570万公顷。

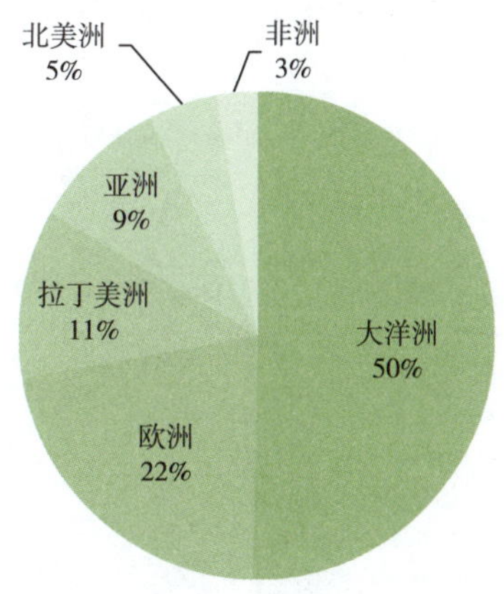

图2-1 2018年全球有机农地分布

数据来源：2020年FiBL调查

① 本数据包含已完成转换和正处在转换期的有机土地面积。然而一些国家提供的数据只包含完成转化的有机农地面积，另一些国家则提供全部统计的有机农地面积，因此一些国家的转换期土地面积并不明确。

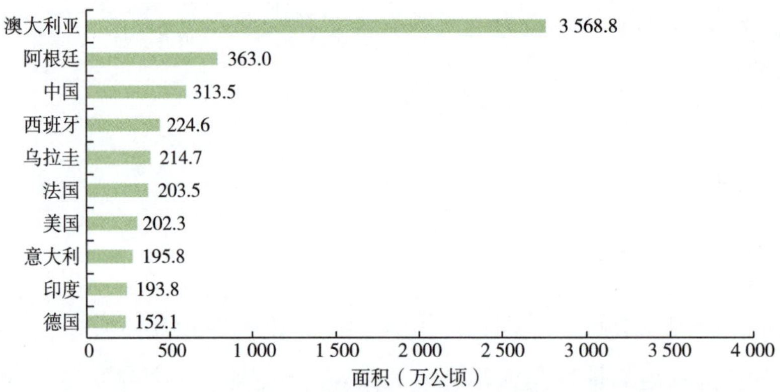

图2-2　2018年有机农地面积位列前十位的国家/地区

数据来源：2020年FiBL调查

2.1.2.2　有机农地比例

世界有机农地面积占总农地面积的1.5%。按照地区划分，有机农地比例最高的是大洋洲（8.6%），其次是欧洲（3.1%），以及拉丁美洲（1.1%）。欧盟拥有7.7%的有机农业用地面积。而在其他区域，有机农地比例不足1%。

很多国家（地区）的有机农地的比例相对较高（图2-3）。其中，有16个国家（地区）用于有机生产的土地面积超过10%，其中大部分是欧洲国家。有机农地比例最高的国家是列支敦士登，拥有超过38%的有机农地。值得注意的是很多岛国都有很高的有机农地比例，例如萨摩亚及圣多美和普林西比。

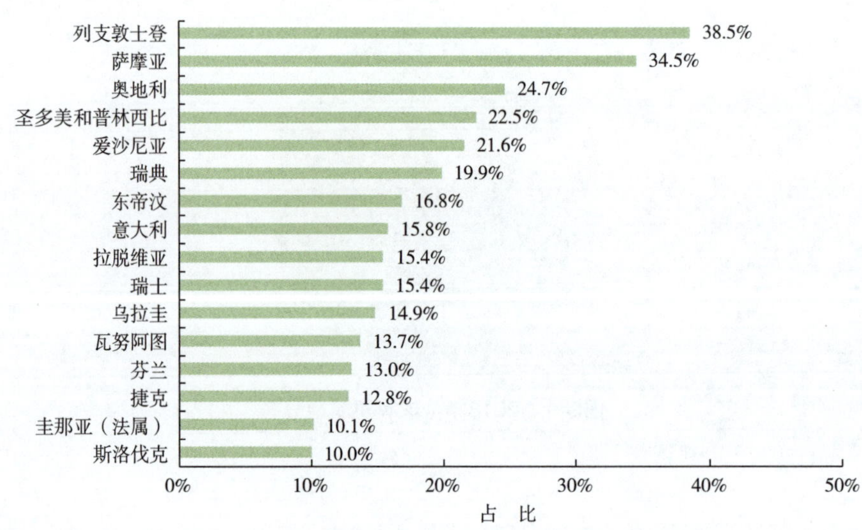

图2-3　2018年有机农地占比10%以上的国家/地区

数据来源：2020年FiBL调查

但是，在能够获得相关数据的国家当中，57%的国家拥有不到1%的有机农业用地（图2-4）。

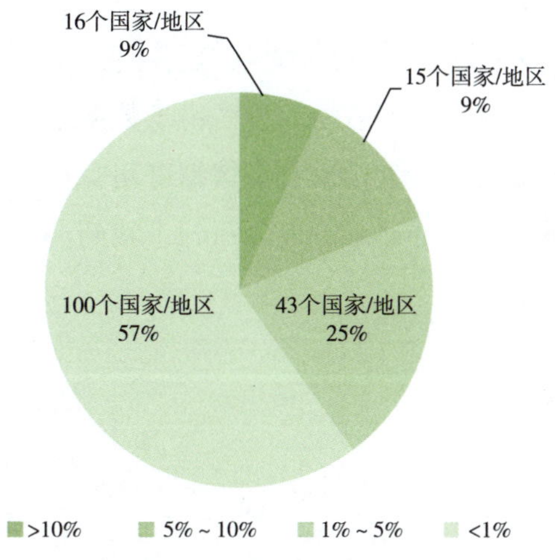

图2-4　2018年全球有机农地占比分布情况

数据来源：2020年FiBL调查

图表数据说明：为了计算百分比，大多数国家的农业用地总数数据均来自联合国粮食及农业组织统计数据库（FAOSTAT）。对于欧盟，大多数数据是从欧盟统计局（Eurostat）获得的。在数据可用的情况下，农业总土地数据采用国家来源（如奥地利、瑞士和美国），有时与欧盟统计局或联合国粮食及农业组织统计数据库公布的数据不同。请注意，根据欧盟统计局和联合国粮食及农业组织统计数据库的数据计算的有机份额在某些情况下可能与各部委和专家发布的数据有所不同。

2.1.2.3　有机农地的增长

与1999年只有1 100万公顷的有机农地相比，目前全球有机农地的面积已经增长了超过6倍。2018年有机农地的面积比2017年增加了2 020万公顷（涨幅2.9%）。许多国家的有机农地面积出现了明显增长，例如法国（增长了16.7%，超过29万公顷）和乌拉圭（增长了14.1%，近26万公顷）。除此之外，阿根廷（增长了7.2%，近24万公顷）和越南（增长将近18万公顷）都报告了显著增长。

2018年，各洲的有机农业用地面积都有所增长。欧洲的绝对增长最多（增加125万公顷，增幅8.7%），其次是亚洲（增加54万公顷，增幅8.9%），接着是北美洲（增加11万公顷，增幅3.5%）。

98个国家的有机农地面积都有不同程度的增长，同时也有39个国家报告了有机农

地面积的减少。另外，还有41个国家的数据没有变化或未收到新数据。

图2-5至图2-7展示的往年数据中，因为FiBL数据库的数据有部分修订和增加，这些数据可能和原来报告的数据不符。

重要说明：许多国家的数据并不可能直接进行年度和10年期限的比较，因为数据来源可能发生改变或者数据存取可能有所改善。由于数据修订，此处发布的数据可能与以前发布的数据不同。并非每年所有国家都有数据可用，在这种情况下，上一年的数据将被沿用。2000年以后的数据可在statistics.fibl.org上找到。

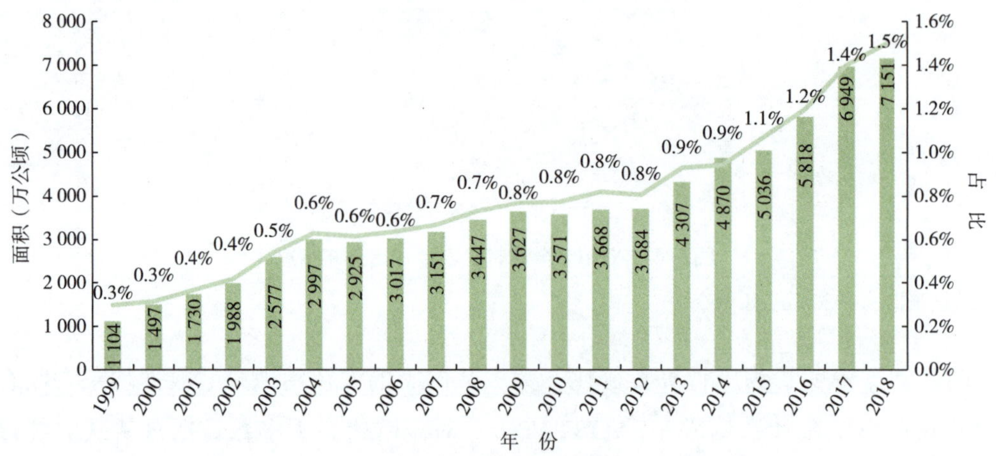

图2-5　1999—2018年全球有机农地面积和占比发展情况

数据来源：2001—2020年FiBL-IFOAM-SOEL调查

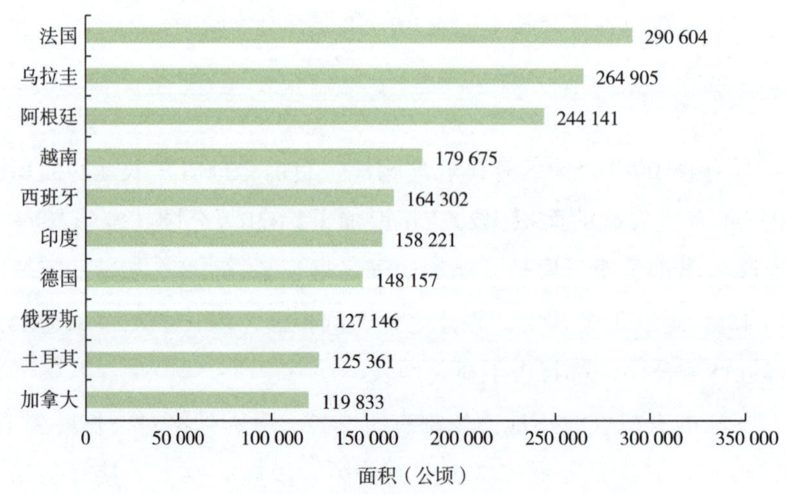

图2-6　2018年有机农地增长量位列前十位的国家/地区

数据来源：2020年FiBL调查

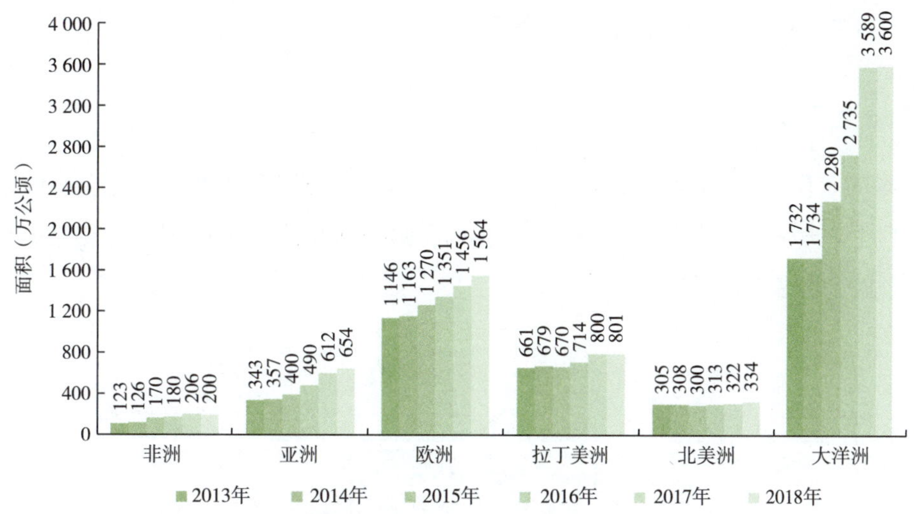

图2-7　2013—2018年各大洲有机农地发展情况

数据来源：2012—2020年FiBL-IFOAM-SOEL调查

2.1.2.4　其他用途的有机用地

除了有机农地外，还有其他用途的有机用地。其中，占比最大的就是野生采集区和养蜂区。其他非农业的有机用地还包括水产、林区和牧场。这些区域的总面积是3 570万公顷，全球有机面积共有1.073亿公顷（图2-8）。

需要注意的是，很多国家并没有提供非农业有机用地的数据。因此，我们只能假设其他数据是不完整的，特别是水产养殖和森林用地。

对于有机水产和蜜蜂养殖来说，其他的指标（产量和蜂巢数量）比面积更有参考价值，而且有机水产养殖和蜜蜂养殖的重要性无法用面积来衡量。

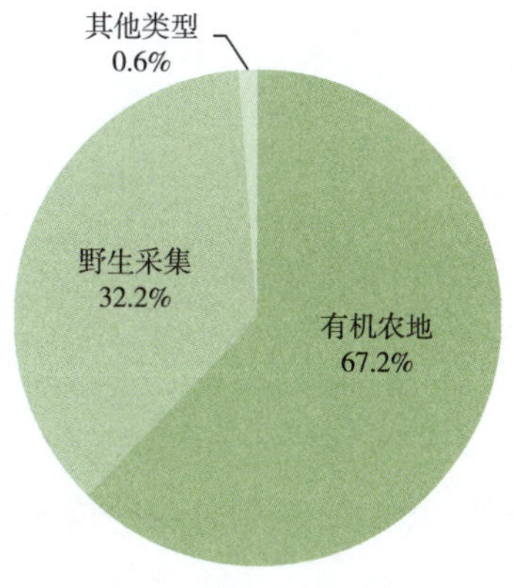

图2-8　2018年全球有机用地面积（总计1.073亿公顷）分布情况

数据来源：2020年FiBL调查

2.1.3 有机生产者和其他经营者类型

2.1.3.1 生产者

截至2018年，全球有将近280万名有机生产者。根据获取的数据，超过90%的生产者位于亚洲、非洲和拉丁美洲（图2-9）。拥有最多有机生产者的国家是印度，其次是乌干达与埃塞俄比亚（图2-10）。

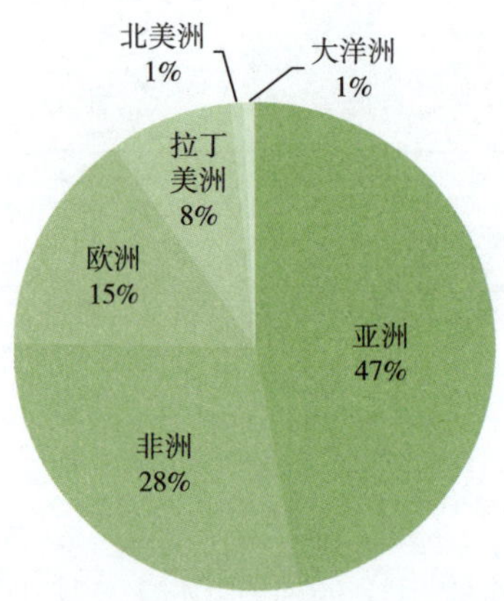

图2-9 2018年全球有机生产者（总计280万人）分布情况

数据来源：2020年FiBL调查

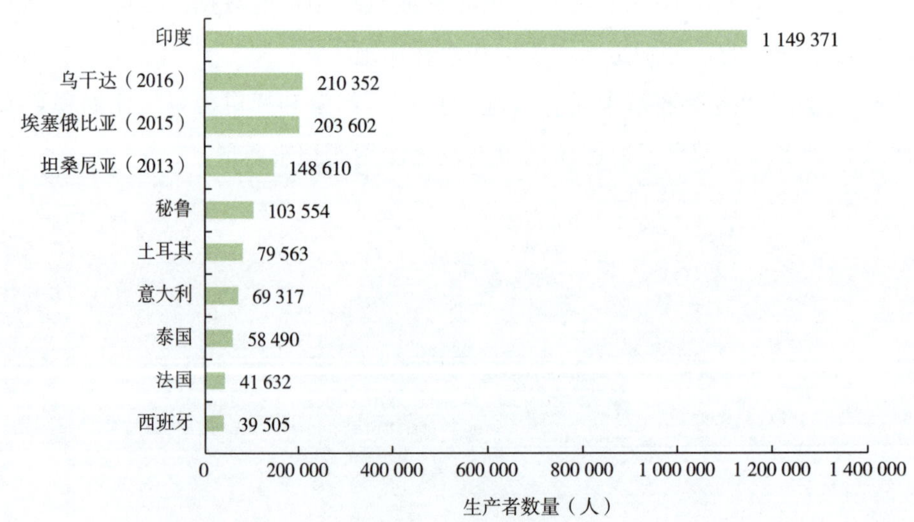

图2-10 2018年全球有机生产者数量位列前十位的国家/地区

数据来源：2020年FiBL调查

一些国家由于存在以下情况而难以获得有机农场的准确数量：①仅报告公司、项目或种植者团体的数量，每个公司、项目或种植者团体可能包括许多独立的生产者；②根本不提供有关生产者数量的数据；③在有野生采集区的情况下，统计数据包含了采集者的数量；④提供每种作物的生产者数量，然而同一生产者可能种植几种作物而导致种植者数量出现重叠。

因此，生产者数量的数据应被严谨审视，并且可以假设有机生产者的总数高于统计数据。

在一些国家，生产者的数量统计面临困难，因为一些认证者提供包括小农户在内的所有生产者的数据，而其他认证者仅提供认证数据。在墨西哥，这一问题变得尤为明显，因为墨西哥的数据来源发生了变化，并且新的数据来源不包括小农户，导致墨西哥和整个拉丁美洲的有机生产者数量大量减少。数据来源的变化也影响了全球有机生产者的数量：与2017年相比，记录的生产者数量减少了将近15万人，或降低了5.0%。但是，除了拉丁美洲和非洲外，其他大洲的生产者的数量均有所增长。

与2016年相比，生产者数量增长了将近13万人，增幅4.7%。2017年，多哥、泰国、布基纳法索和印度尼西亚的有机生产者数量有明显增加，这4个国家构成了全球有机生产者数量增长的主要部分。

要统计有机农场的准确数量仍比较困难，原因如下：①调查只提供企业、项目或生产者组织数量，而上述3种可能是由很多独立生产者组成的；②调查未提供有机生产者数量的任何数据；③如果有野生采集区域，调查数据包括野生采集者；④调查提供从事每种作物生产的生产者数量，但有可能同一个有机生产者种植多种作物。

所以，有机生产者的数量应该谨慎对待。另外，可以设想实际的有机生产者总数可能比报告中的数量要高。

2.1.3.2 其他经营者类型

根据其他有机经营者类型的数据，全球有将近9.6万的加工商和约6 600个进口商，大部分分布在欧洲。然而，并不是所有国家都提供了加工商、进出口商或其他经营者类型的数据。例如，美国的该类数据就有缺失，因此可以假设，加工商，进口商和出口商的实际数量要远远高于统计数据。

更多经营者类型包括蜜蜂养殖户、进出口商、小农户、水产养殖企业以及采集者（野生采集）。

2.1.4 零售额与国际贸易数据①

2.1.4.1 零售额

Amarjit Sahota展示了有机市场的全球趋势并给出了大量背景信息，本章节主要展示了根据FiBL对有机农业的调查而给出的各国市场相关数据。零售总额中包含了56个国家的数据，涵盖了有数据国家数目的30%，这也说明有很多从事有机农业活动的国家并未提供相关信息。

根据FiBL对有机农业的调查，2018年全球有机产品的零售总额接近970亿欧元。美国是最大的有机食品市场（406亿欧元），紧随其后的是德国（109亿欧元）、法国（91亿欧元）和中国（81亿欧元）（图2-11）。最大的单一市场是美国，其次是欧盟（374亿欧元）和中国。从地域的角度来看，北美洲遥遥领先（437亿欧元），其次是欧洲（407亿美元）和亚洲（图2-12）。

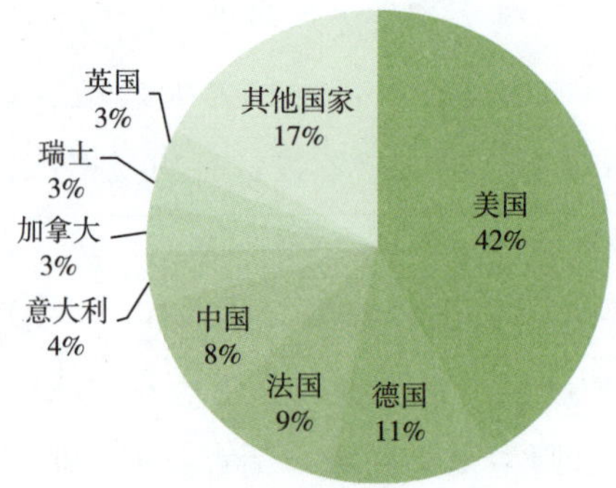

图2-11 2018年各国家/地区有机食品销售额分布

数据来源：2020年FiBL-AMI调查

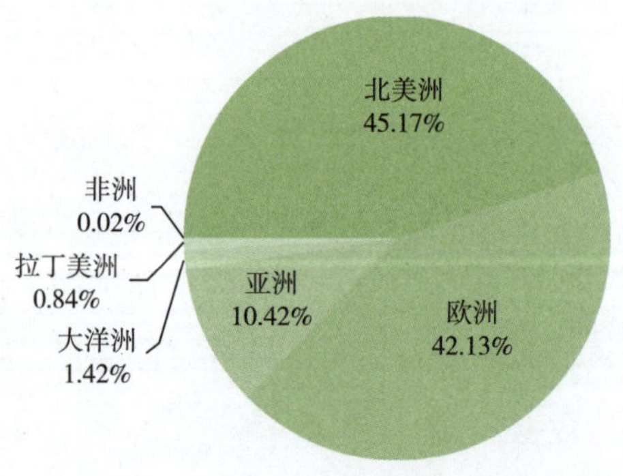

图2-12 2018年有机食品区域销售额分布

数据来源：2020年FiBL-AMI调查

① 由于统计方法不同，此部分与第4章中一些指标的数据不同。

2018年全球有机市场零售额位列前十位的国家/地区见图2-13。

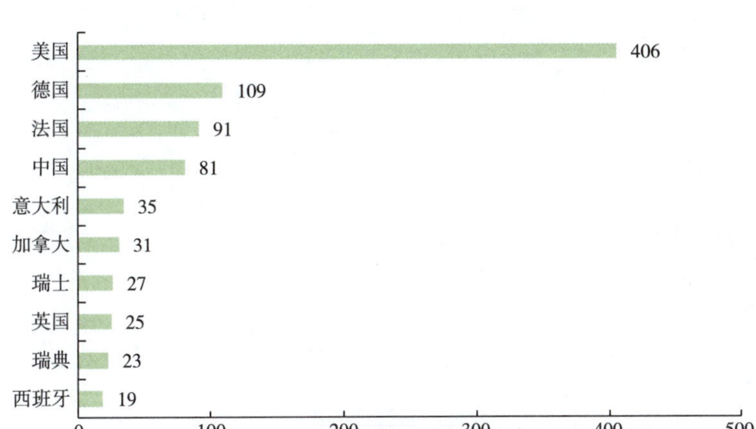

图2-13　2018年全球有机市场零售额位列前十位的国家/地区

数据来源：2020年FiBL-AMI调查

提供2018年市场数据的所有国家中，很多都可以看到增长的趋势，有些国家甚至有两位数的增长。法国是增长最快的国家，市场增长均达到了15.4%。按大洲来说，北美洲的人均消费最高（120欧元）。如果按照国家排名，欧洲国家则有最高的人均消费。2018年，全球人均消费最高的国家是瑞士和丹麦（312欧元），紧随其后的是瑞典（231欧元）和卢森堡（221欧元）（图2-14）。

有机食品所占市场份额的领头国家是丹麦（11.5%），接下来是瑞士（9.9%）、瑞典（9.6%）、奥地利（8.9%）和卢森堡（8.0%）（图2-15）。

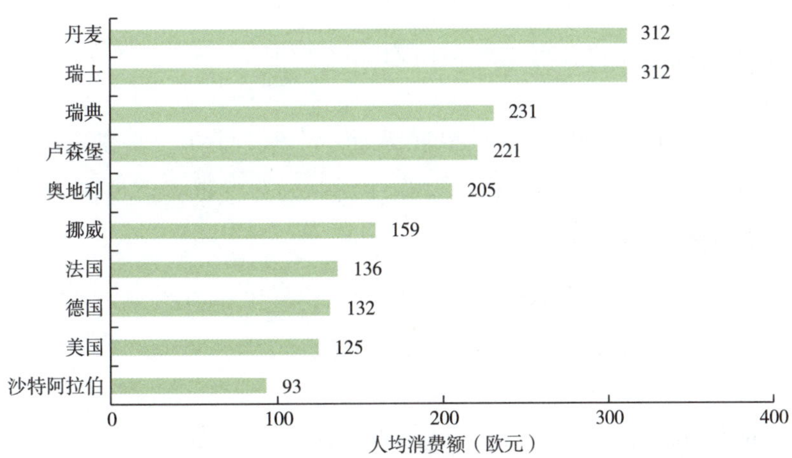

图2-14　2018年全球有机食品年人均消费位列前十位的国家/地区

数据来源：2020年FiBL-AMI调查

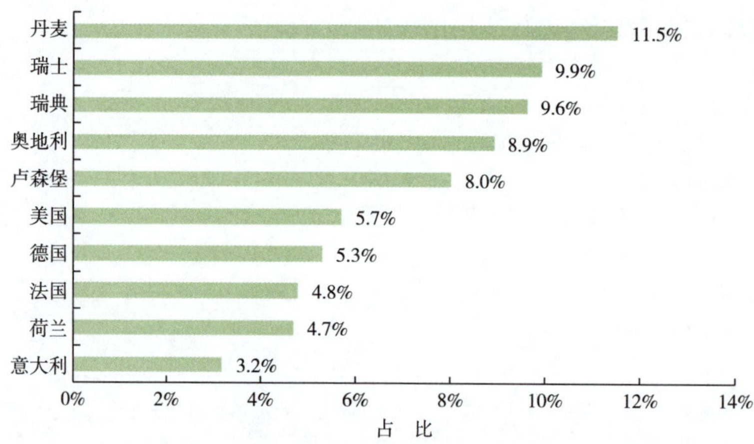

图2-15　2018年全球有机食品份额位列前十位的国家/地区

数据来源：2020年FiBL-AMI调查

2.1.4.2　出口数据

越来越多的国家可以提供国际贸易的相关数据。这些数据可以用出口/进口量（吨）或者出口/进口额表示。一些国家同时也提供了单品作物和产品的详细数据。超过50个国家提供了出口额数据。

2.1.4.3　进口数据

很多国家都未能提供进口数据。自2018年以来，欧盟开始收集进口额数据。美国的有机产品进出口交易额和交易量可在美国农业部（USDA）网站上查询①。

2.1.5　发展中国家和新兴市场的有机农业

经济合作与发展组织（OECD）的发展援助委员会（DAC）提供了讨论“发展中国家援助、发展与扶贫”等问题的平台。我们在这一部分根据发展援助委员会（DAC）分析了受官方发展援助（ODA）的国家。

DAC列表②上的国家拥有超过240万名有机生产者（占有机生产者总数的86%），并且拥有近全球1/4的有机农业用地（1 730万公顷）。

---

① 网址为http：//apps.fas.usda.gov/gats/ExpressQuery1.aspx.，点击“标准查询”后再点击“选择有机”。

② 在经济合作与发展组织（OECD）网站上，可查询发展援助委员会（DAC）列表上的国家名单http：//www.oecd.org/dac/stats/daclist.htm。

如果将野生采集和蜜蜂养殖也计算在内，总面积为3 740万公顷。DAC列表国家中有将近一半的农业用地位于拉丁美洲国家（近800万公顷），位列第二和第三的是亚洲（650万公顷）和非洲（200万公顷）。拥有有机农业用地面积最大的国家，分别是阿根廷、中国、乌拉圭、印度和巴西。无疑，他们大部分都是国土面积较大的国家（图2-16）。

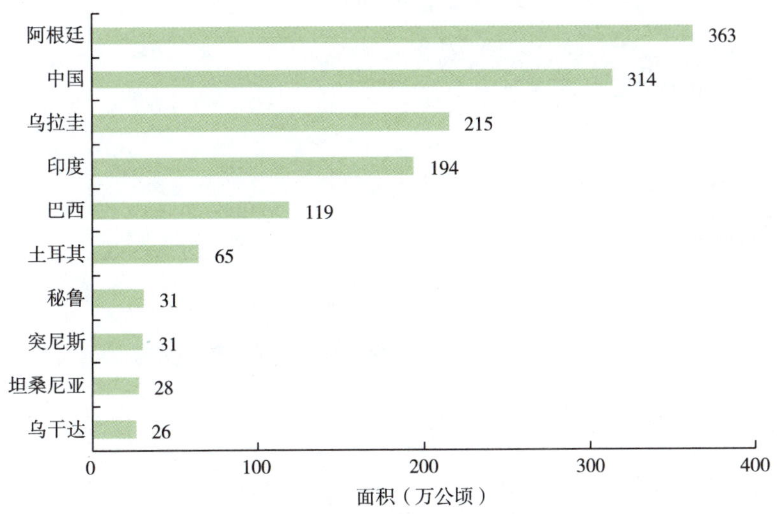

图2-16 DAC名单中2018年有机农地面积位列前十位的国家/地区

数据来源：2020年FiBL调查

然而，计算有机农业用地占种植总面积的比例时，排名就会有变化（图2-17）。拥有最高比例有机农地的国家是萨摩亚（34.5%）、圣多美和普林西比（22.5%）和东帝汶（16.8%）。目前为止拥有最大有机种植面积的阿根廷（360万公顷），占比仅列第十五名。DAC名单上的前十位国家的有机农地比例可以与一些欧洲国家相媲美，这样的高比例可以归因于他们较大的生产潜力和对出口的重视，同时一些支持措施也起到了一定的作用。但是，只有26%的DAC列表国家的有机农地比例超过1%。

80%以上的DAC列表国家农业用地使用情况可以查到详细的信息，但是有一些有机生产大国（印度和巴西）未能提供具体作物类别的数据。从已知数据的统计中得出，有机草地/牧场占总有机农地面积的34%，其次是有机季节性作物用地（27%）和有机多年生作物用地（18%）。无论是对肉制品（主要来自阿根廷和乌拉圭），还是对未经加工的多年生和季节性作物来说，出口都发挥着重要作用。最重要的作物是用于出口的作物，如谷物、咖啡、油料作物、纺织原料作物（主要是棉花）、坚果、椰子、橄榄和可可等。对于非洲来说，咖啡和橄榄是最重要的作物；对于亚洲而言，谷物和油料作物最重要；而对于拉丁美洲，咖啡和可可则是最重要的作物。

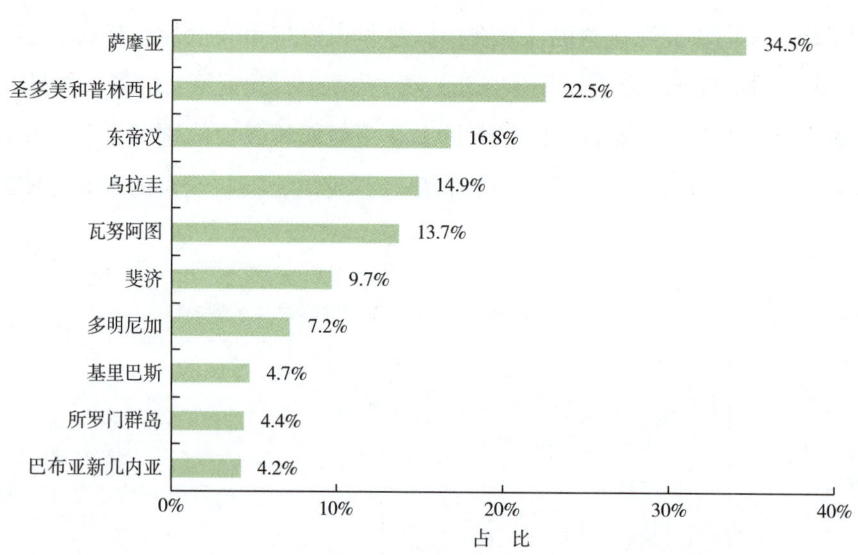

图2–17　DAC名单中2018年有机农地占比前十位的国家/地区

数据来源：2020年FiBL调查

2.2　有机农业用地的利用类型和主要商品形式[①]

2.2.1　农业用地

有机农业用地面积为7 150万公顷，其中超过2/3的面积（约4 820万公顷）为草场/牧区。季节性作物用地面积为1 330万公顷，多年生作物用地为470万公顷，共计1 800万公顷，超过有机农业用地的1/4以上。由于无法获得某些国家详细的农业用地数据，例如，拥有较大有机农地面积的巴西和印度，实际有机农地的面积应该大于现有数据统计的面积。虽然获得了92%的有机农地的基本使用信息，但有些国家未提供详细的作物种植数据，所以只能获得部分区域的作物详细信息[②]。

本调查中使用了FAO提供的土地利用类型分类[③]，仅稍做修改。并使用与欧盟统计

① 本章节作者：Bernhard Schlatter、Jan Trúvniček、Julia Lernoud和Helga willer；翻译：邴小涵、王傲江；作图：赵惠娟。

② 对于某些国家，只能获取主要用途的土地（季节性作物用地、多年生作物用地和多年生草地）的资料。对于其他国家，可以找到非常详细的土地使用统计信息。

③ 了解更多的信息，请查询FAOSTA的官网faostat.fao.org：Home>Concepts and Definitions>Glossary或http：//faostat.fao.org/site/379/DesktopDefault.aspx？PageID=379。

局类似的系统对作物进行分类。土地使用分类主要分为如下几类：季节性作物用地、多年生作物用地、无更多具体信息的耕地（即没有提供详细分类信息的季节性和多年生作物）、多年生草场/牧区、其他农业区域（如树篱）和没有任何具体信息的有机农地。水产养殖、林地和非农业牧场在此与农业用地区分开，分属于不同的类别，即归类于野生采集区域和养蜂区域。

土地使用信息按地理区域划分总结如下（图2-18至图2-20）。

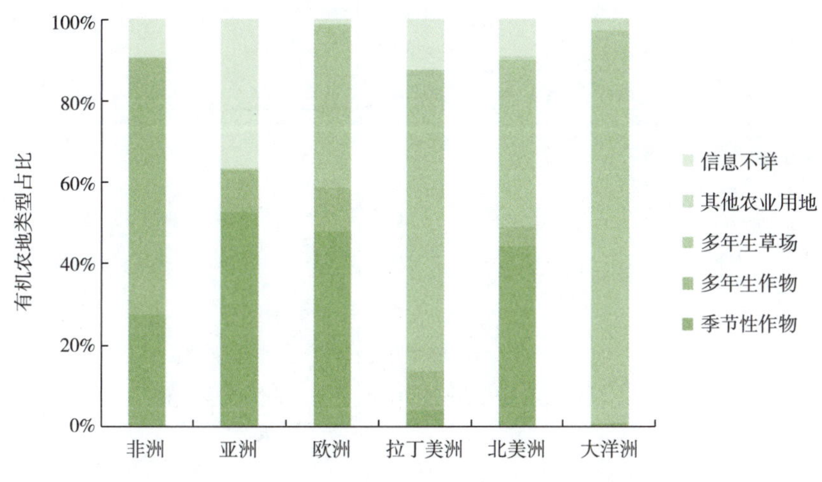

图2-18　2018年各土地利用类型分布比例

数据来源：2020年FiBL调查

非洲：可获得90%以上的有机农业土地利用信息。约2/3的农地用作种植多年生作物，主要是经济作物，如咖啡和橄榄；主要季节性作物为棉花、油料作物（芝麻，大豆和花生）和棉花。

亚洲：可获得约2/3的有机农地利用信息。季节性作物用地主要用于种植谷物，包括水稻。另外，油料作物、干豆和纺织原料也是重要的作物。

欧洲：欧洲的有机农地信息有较完善的数据并且主要的作物分类都有很好的记录。有机多年生草场约占有机农业用地的40%，季节性作物用地（占49%）主要用来种植谷物，其次是青饲料（前者占260万公顷，后者占250万公顷）。多年生作物用地占有机农业用地的11%，其中超过1/3的土地用来种植橄榄，其次是葡萄、坚果和温带水果。

拉丁美洲和加勒比海地区：此地区将近3/4的有机农地用作多年生有机草场。多年生作物用地占全部有机农业用地的9%，其中超过1/3的作物是咖啡，其次是可可和热带水果。

北美洲：季节性作物用地和多年生草场/牧区面积在有机农业用地中的份额占比类似。季节性作物用地大部分都用于谷物生产和青饲料的种植。

大洋洲：澳大利亚的大部分有机土地为粗放的草场/牧区。绝大部分多年生作物种植在太平洋区域。

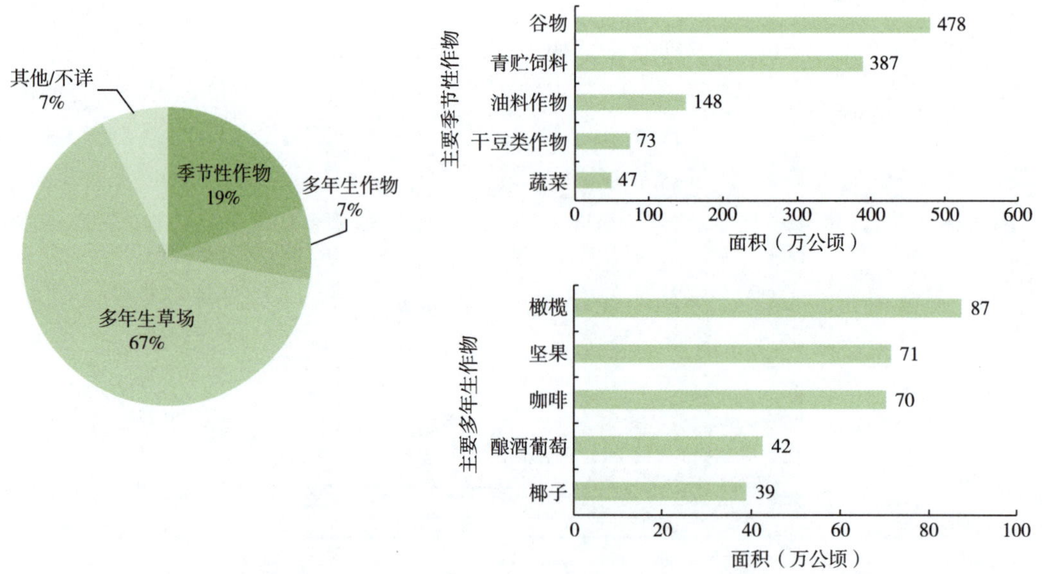

图2-19　2018年全球主要有机农地类型及作物种类

数据来源：2020年FiBL调查

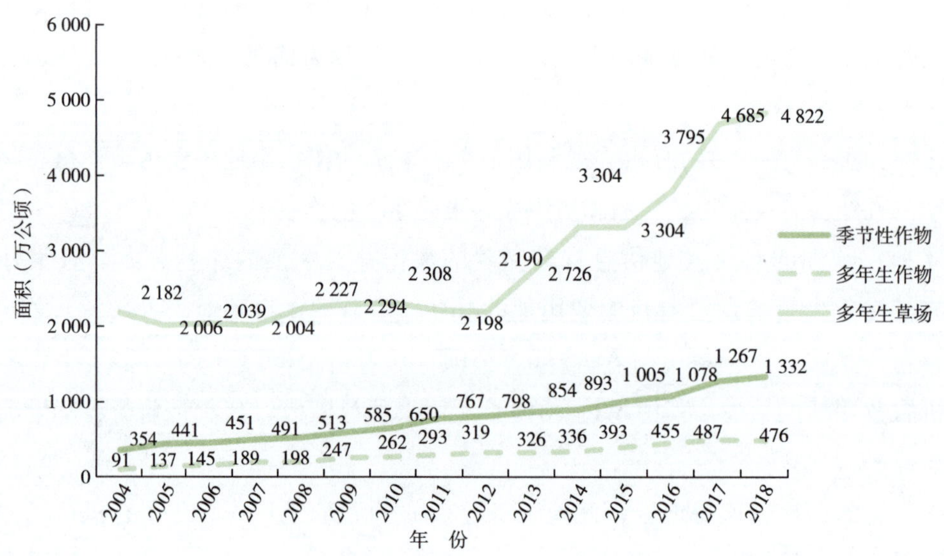

图2-20　2004—2018年全球有机季节性作物、多年生作物和多年生草场发展情况

数据来源：1999—2020年FiBL-IFOAM-SOEL调查

2.2.2 季节性作物用地

全世界有超出1 330万公顷的有机季节性作物用地，占全球有机农业用地的19%，占世界季节性作物用地面积的0.9%[①]。

与2017年相比，有机季节性作物用地面积的涨幅达到5.1%。除了某些作物（如花卉、观赏植物和纺织作物）种类的用地有所下降外，绝大多数作物种类的用地都有增长。

将近60%的季节性作物用地位于欧洲，其次是亚洲（26%）和北美洲（11%）（图2-21）。大部分用地用于种植包括水稻在内的谷物（480万公顷）、青贮饲料（380万公顷）和油料作物（150万公顷）（图2-22）。

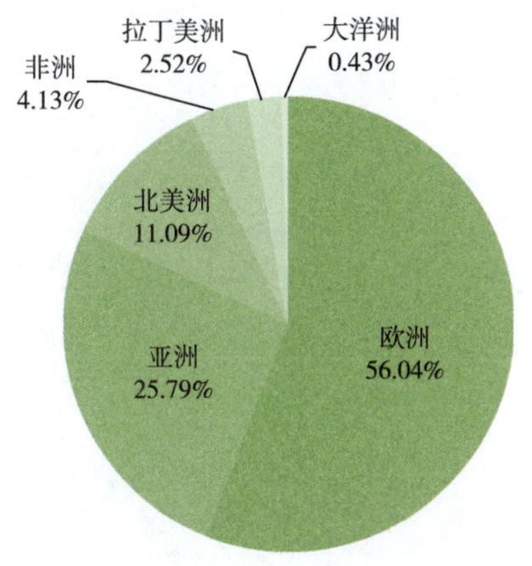

图2-21　2018年全球有机季节性作物区域分布

数据来源：2020年FiBL调查

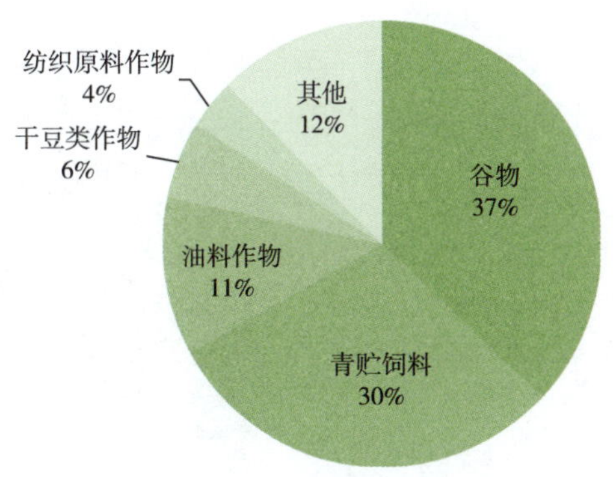

图2-22　2018年全球有机季节性作物农地分类比例

数据来源：2020年FiBL调查

① 据FAOSTAT统计，2017年的季节性作物用地为1 561 336 753公顷。详情请查询FAO官网www.fao.org/faostat/en/#data>Inputs>Land>www.fao.org/faostat/en/#data/RL。

2.2.3 多年生作物用地

多年生作物用地的面积超过470万公顷，占世界多年生作物用地的2.8%[①]。和2017年的调查相比，面积减少超过14万公顷，降幅为2.9%。减少的主要原因为墨西哥（数据来源改变）咖啡和热带水果种植面积的大大减少，另外，据调查，多米尼加可可的种植面积减少了7.7万公顷。

全球有机农业用地中有7%是多年生作物用地。因此，多年生作物用地占有机农业用地的比例比其占所有农业用地的比例略高出3%。

大部分多年生作物用地位于欧洲（170万公顷），其次是非洲（130万公顷）和拉丁美洲（近70万公顷）（图2-23）。其中最重要的作物是橄榄，面积约为90万公顷，占有机多年生作物用地的近20%。其次是坚果（超过70万公顷）、咖啡（70万公顷）、葡萄（40万公顷）和椰子（接近40万公顷）（图2-24）。

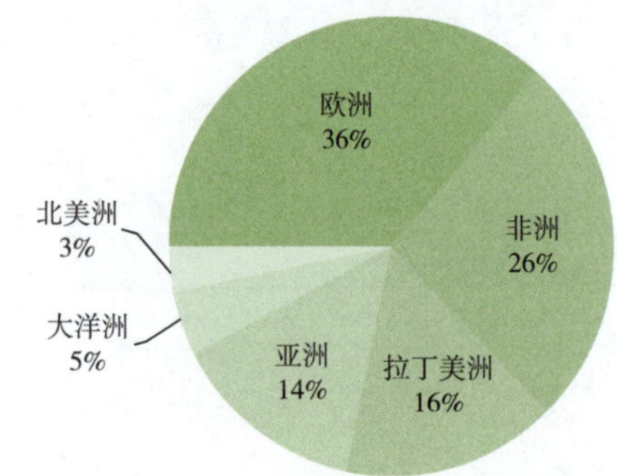

图2-23 2018年全球多年生有机作物农地分布

数据来源：2020年FiBL调查

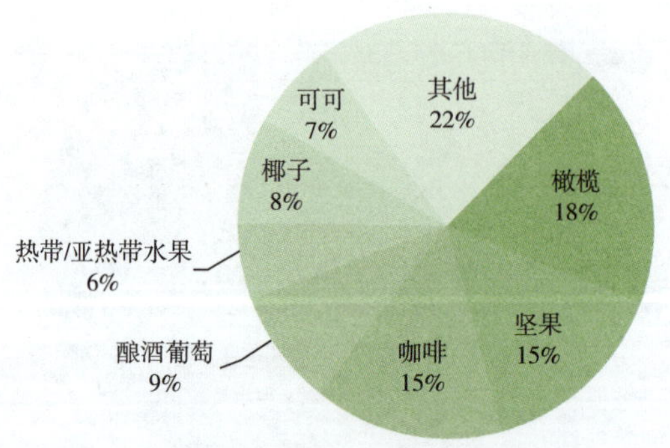

图2-24 2018年全球多年生有机作物农地分类比例

数据来源：2020年FiBL调查

---

① 据FAOSTAT统计，2017年的多年生作物用地为167 877 447.5公顷。详情请查询FAO官网www.fao.org/faostat/en/#data>Inputs>Land>www.fao.org/faostat/en/#data/RL。

2.2.4 野生采集和养蜂区域

IFOAM国际有机联盟标准中有对采集野生作物的定义（IFOAM-Organics International，2014），同时野生采集的活动也被有机法规监管规范。2018年，全球野生采集区域（包括养蜂场）近3 500万公顷，集中在欧洲、非洲、拉丁美洲和亚洲，因此其分布与有机农业用地有较大的区别（图2-25）。

芬兰是拥有野生采集面积最大的国家（主要是浆果），其次是赞比亚和坦桑尼亚（养蜂区）（图2-26）。专家认为，野生浆果、养蜂、药用植物、芳香植物、非洲和巴西的乳木果，以及拉丁美洲的坚果是最为主要的野生采集作物。较遗憾的是，没有收集到野生采集的具体信息。

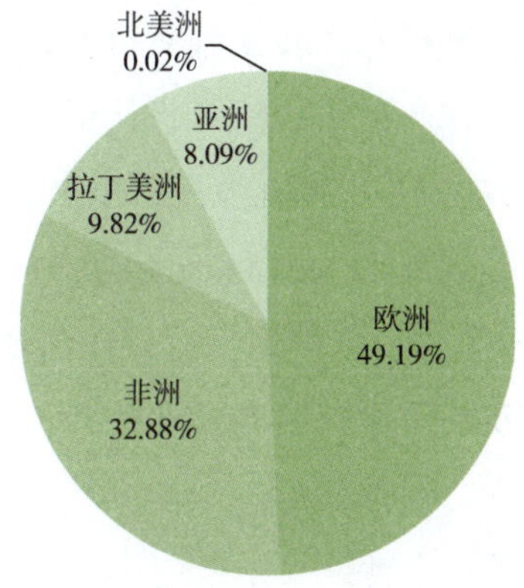

图2-25　2018年全球有机野生采集区和养蜂区地域分布

数据来源：2020年FiBL调查

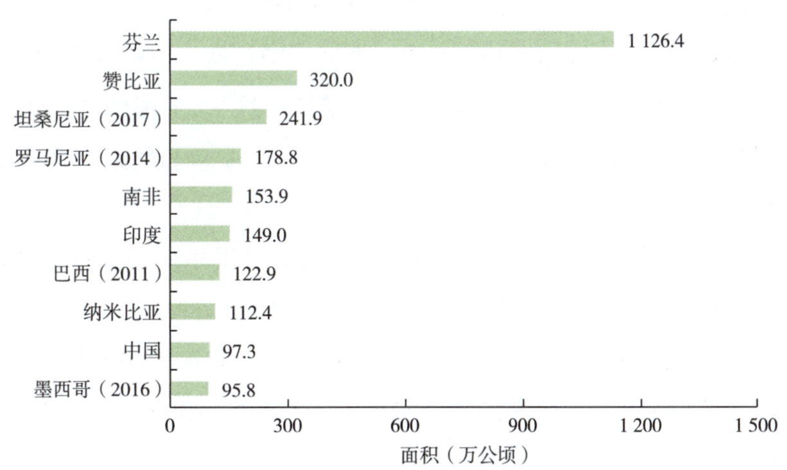

图2-26　2018年野生采集区和养蜂区位列前十位的国家/地区

数据来源：2020年FiBL调查

2.2.5 蜂 箱

2018年有机蜂箱近260万个，占世界蜂箱的近2.6%①。有机蜂箱集中在拉丁美洲（37%）和欧洲（37%）。巴西是拥有有机蜂箱数量最多的国家（629 939个），其次是赞比亚（388 067个）和保加利亚（264 069个）。2007年有超过53.5万个蜂箱，到2018年蜂箱的数量增加了近5倍。但需要注意的是，一些增长量是由于更多的数据被提供出来用作统计。2014—2015年的增长是由于巴西等一些国家的数据首次用作统计。此外，2016—2017年的增长主要是由于巴西、中国和赞比亚的蜂箱数量的显著增长。2018年的统计中，巴西、墨西哥及埃塞俄比亚的蜂箱数量均有所下降。

尽管如此，由于全球对有机蜂蜜和产品的需求不断增加，有机养蜂业预计将在全球持续增长。对于那些想从传统有机养蜂转换到有机养殖的养蜂人来说，他们面临的主要挑战是缺乏有机养蜂实践知识，并且不了解有机认证过程，因此转化过程较困难。此外，生产优质的有机蜂蜜、用有机方法控制瓦罗虫寄生虫是有机养蜂人面临的主要阻碍。

2015年，FiBL、Naturland、Demeter和Apicon共同创建了一个新的养蜂平台——IFOAM Apiculture Forum（IAF）②。该养蜂平台是IFOAM国际有机联盟的自发组织，旨在促进有机养蜂的发展，并鼓励用可持续养蜂业替代传统做法。

2.2.6 水产养殖

德国的Naturland是首个认证有机水产的组织，始于1995年对德国境内鲤鱼的认证，是自愿性可持续性标准（VSS）中第一个对水产养殖进行认证的组织（Potts等，2016）。2005年，IFOAM国际有机联盟认可了Naturland的最新水产有机标准。

2018年，有机水产品产量超过16.3万吨。根据已知数据，有机水产的生产主要集中在欧洲（56%）和亚洲（44%，以中国为主）（图2-27）。中国的产量最大（近7.2万吨），其次是爱尔兰（超过2.7万吨，主要是蓝贻贝、三文鱼和牡蛎）和挪威（近1.7万吨）（图2-28）。

遗憾的是，有些有机水产产量很大的国家并没有提供相应的信息，如巴西和印度尼西亚。因此，我们可以认为实际有机水产的产量比报告中的更高。

仅有25%的水产品可以按照品种进行细分。根据已知数据，2017年，有机贻贝是产量最多的品种（超过1.8万吨），其次是三文鱼（1.55万吨）和鲤鱼（5 000吨左右）。

---

① 根据FAOSTAT统计，2017年全球的蜂箱数量为90 999 730个，详情请查询网址http：//www.fao.org/faostat/en/#data/QA。

② 获取IAF的更多信息，请见www.organicbeekeeping.info。

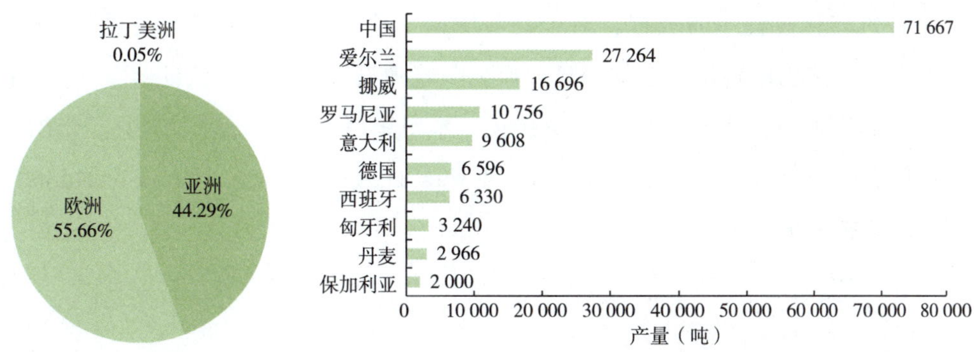

图2-27　2018年有机水产养殖全球分布及产量前十位的国家/地区

数据来源：2020年FiBL调查

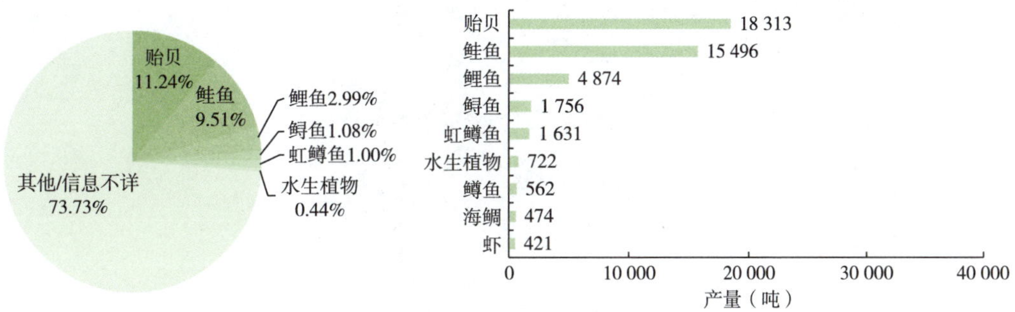

图2-28　2018年有机水产养殖主要品种比例及产量

数据来源：2020年FiBL调查

2.2.7　几种作物的数据统计

在这一部分展示了几种重要作物与作物群的数据，包括有机管理下的区域与整个作物区域的对比。瑞士有机农业研究所（FiBL）于2004年首次收集土地使用与作物数据，因此发展图显示了自该年以来的增长。

在本书中，我们没有更新现有作物的文本，但是我们呈现了相关图表，对于某一给定作物/作物群体以国家为单位在全球范围内的分布情况，根据其发展，将有机用地面积及占据有机份额排名较前的国家列出，与此同时，以大洲为单位做出相应作物群体进一步细分作物的分布情况图。所有的图表都来源于交互式Power BI图，网址为https：//statistics.fibl.org/visualisation.html。

应该指出的是，有机种植面积主要与FAO提供的2017年收获面积进行比较，数据可能不一定与认证机构登记的播种面积直接相当。

处于有机转化过程中的数据：对于某些国家，数据由多个认证机构进行整理，其中一些提供了有关土地转化状态的信息，而另一些则没有。在这些认证信息不完全的案例中，我们假定所有的土地都已经完全转化。本节中所呈现的统计图表只是FiBL数据库中可用信息的一部分，来源于statistics.fibl.org。此外，在www.organic-world.net上可以获取关键作物的更多图表。

2.2.7.1 谷　物

2018年，有机谷物的种植面积近480万公顷，占全球谷物种植总面积的0.7%，详情见图2-29至图2-32。

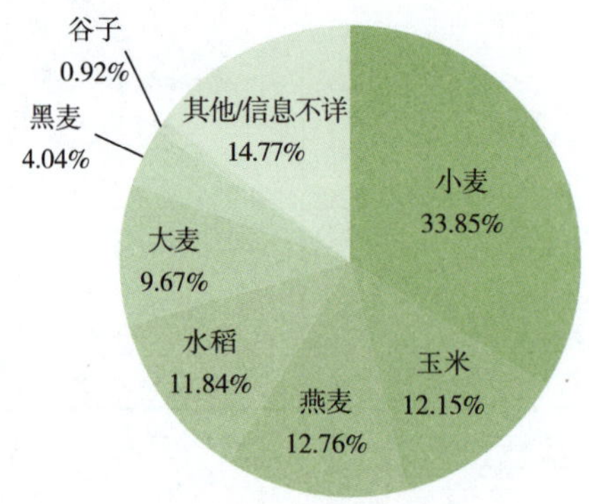

图2-29　2018年全球不同种类有机谷物种植面积占比

数据来源：2020年FiBL调查

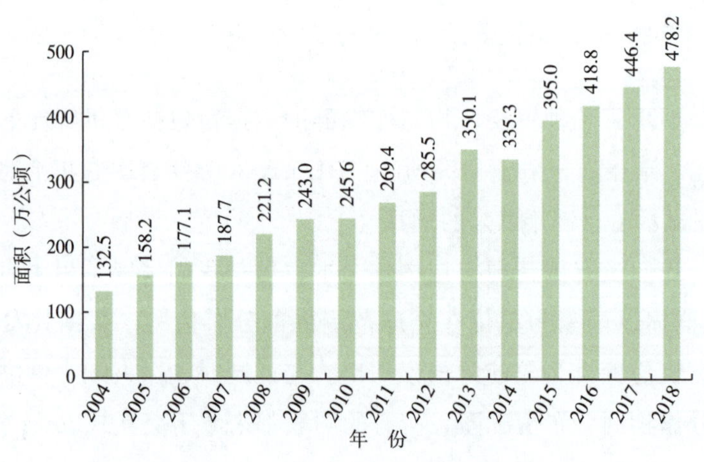

图2-30　2004—2018全球有机谷物种植面积发展情况

数据来源：2020年FiBL调查

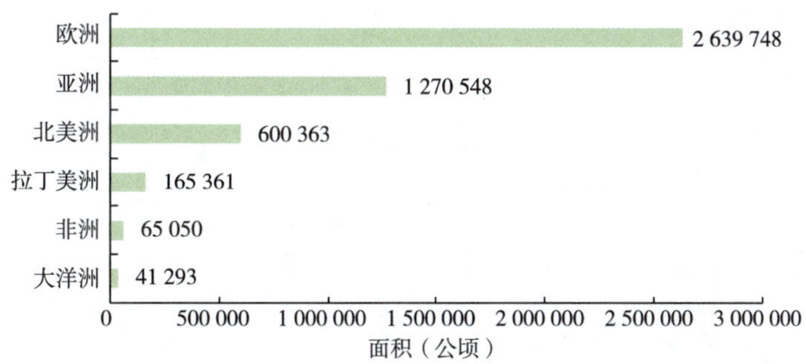

图2-31　2018年各洲有机谷物种植面积

数据来源：2020年FiBL调查

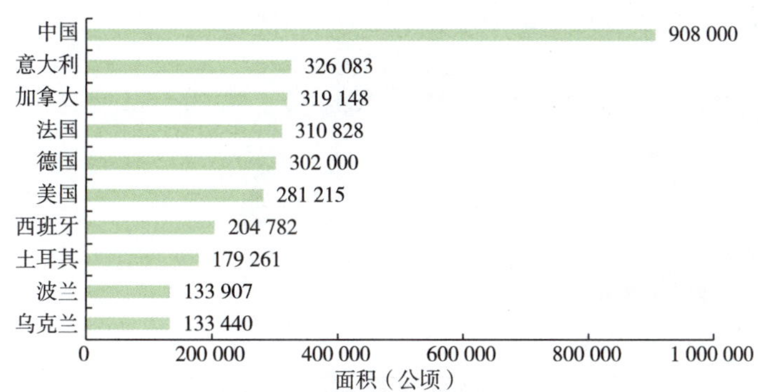

图2-32　2018年有机谷物种植面积位列前十位的国家/地区

数据来源：2020年FiBL调查

2.2.7.2　柑橘类水果

2018年，有机柑橘类水果的种植面积约9万公顷，占全球柑橘类水果种植总面积的1%，详情见图2-33至图2-36。

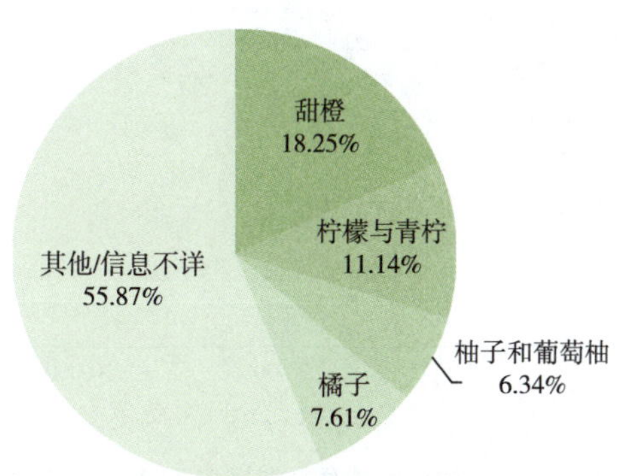

图2-33　2018年全球有机柑橘类水果分类占比

数据来源：2020年FiBL调查

图2-34　2004—2018年有机柑橘类水果种植面积发展情况

数据来源：2020年FiBL调查

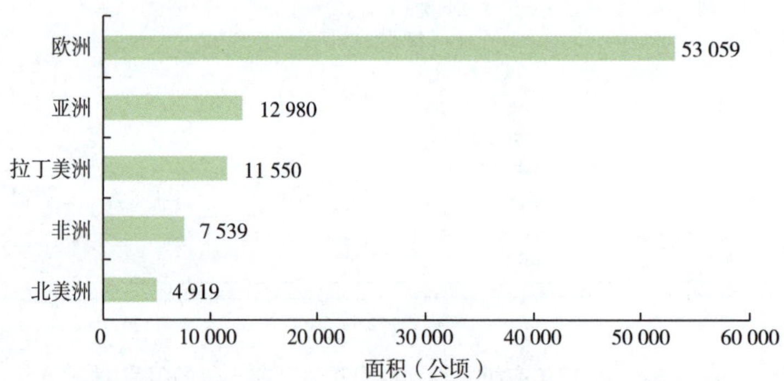

图2-35　2018年各洲有机柑橘类水果种植面积分布

数据来源：2020年FiBL调查

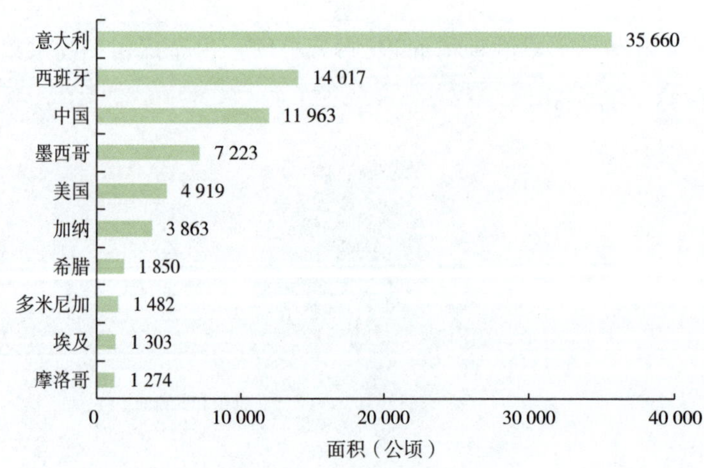

图2-36　2018年有机柑橘类水果种植面积位列前十位的国家/地区

数据来源：2020年FiBL调查

2.2.7.3 可可豆

2018年，有机可可豆的种植面积约32.2万公顷，占全球可可豆种植总面积的2.7%，详情见图2-37至图2-39。

请注意，有机可可种植面积减少的主要原因是，多米尼加报告的有机可可种植面积比2016年减少了7.7万公顷（2018年之前的最新数据）。

有关可可生产的更多信息（有机和其他自愿性可持续性标准——VSS），请参见《2019年可持续市场状况——统计和新兴趋势》报告[①]。

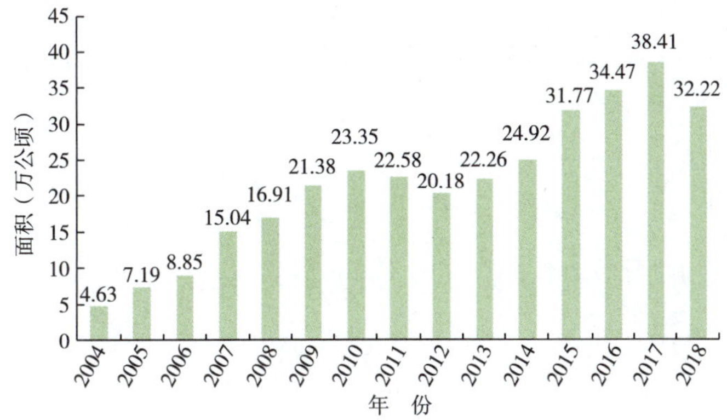

图2-37　2014—2018年有机可可豆种植面积发展情况

数据来源：2020年FiBL调查

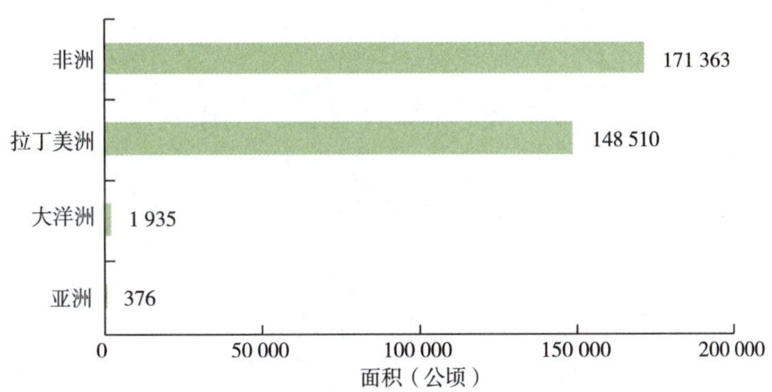

图2-38　2018年各洲有机可可豆种植面积分布

数据来源：2020年FiBL调查

① Willer，Helga，Gregory Sampson，Vivek Voora，Duc Dang，Julia Lernoud（2019）：The State of Sustainable Markets-Statistics and Emerging Trends 2019. International Trade Centre（ITC），Geneva. 请查询网址http：//www.vss.fibl.org/de/vss.html；有关交互式在线图形，请参见可持续性地图，网址为 https：//www.sustainabilitymap.org/trends 。

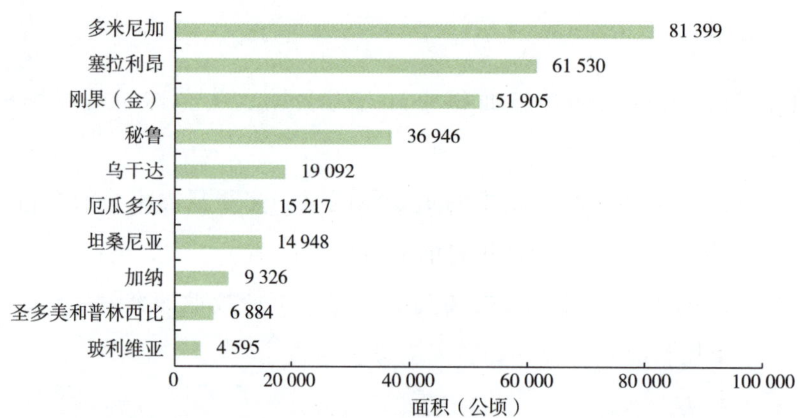

图2-39　2018年有机可可豆种植面积位列前十位的国家/地区

数据来源：2020年FiBL调查

2.2.7.4　咖　啡

2018年，有机咖啡的种植面积约70.1万公顷，占全球咖啡种植总面积的3.1%，详情见图2-40至图2-42。

需要注意的是，2018年咖啡领域的巨大下降是由于新的数据源所导致。因此，进行直接的年度比较是不合理的，墨西哥和全球情况都是如此。

有关咖啡生产的更多信息（有机和其他自愿性可持续性标准——VSS），请参见《2019年可持续市场状况——统计和新兴趋势》报告。

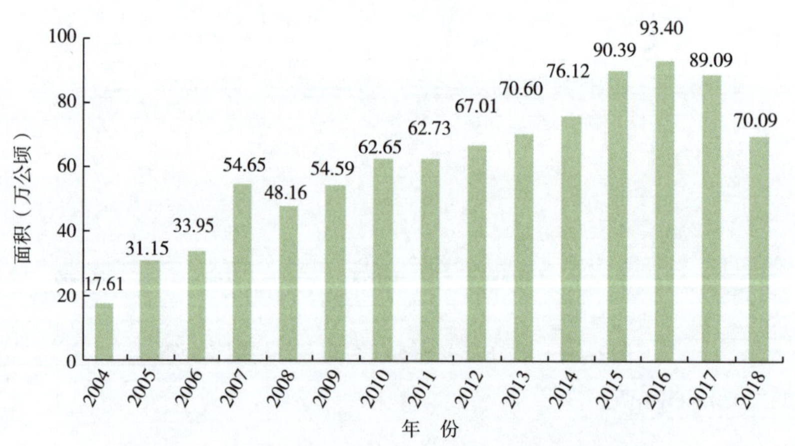

图2-40　2004—2018年有机咖啡种植面积发展情况

数据来源：2020年FiBL调查

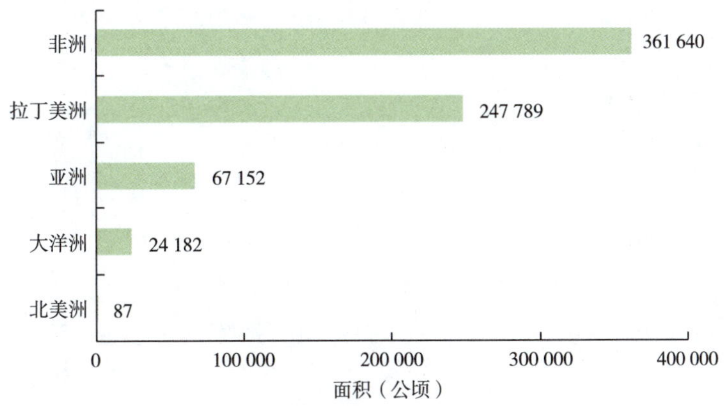

图2-41　2018年各洲有机咖啡种植面积分布

数据来源：2020年FiBL调查

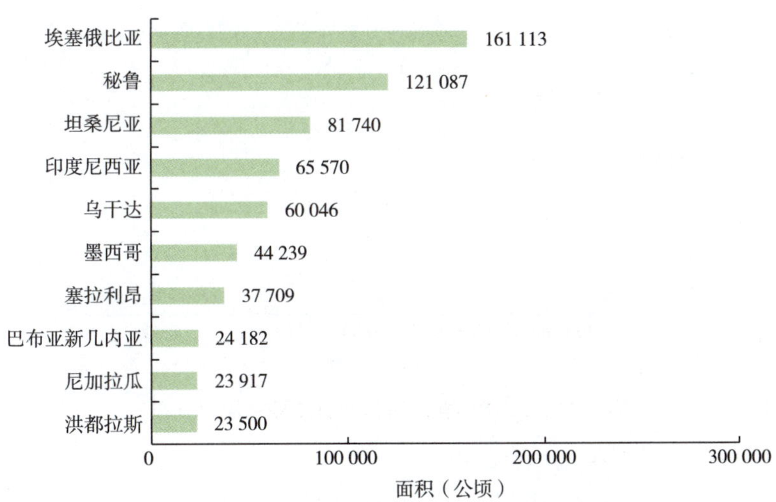

图2-42　2018年有机咖啡种植面积位列前十位的国家/地区

数据来源：2020年FiBL调查

2.2.7.5　干豆类[①]

2018年，有机干豆类的种植面积约72.7万公顷，占全球干豆类种植总面积的0.8%，详情见图2-43至图2-45。

请注意，2017年提供的干豆（总面积）数据有别于此前版本，是由于中国数据的全面修正所导致。

① 在本年鉴往年的版本中，这一类别被称为“蛋白质作物”。为了与欧盟统计局命名法相统一，现在我们将其改为“干豆类”。

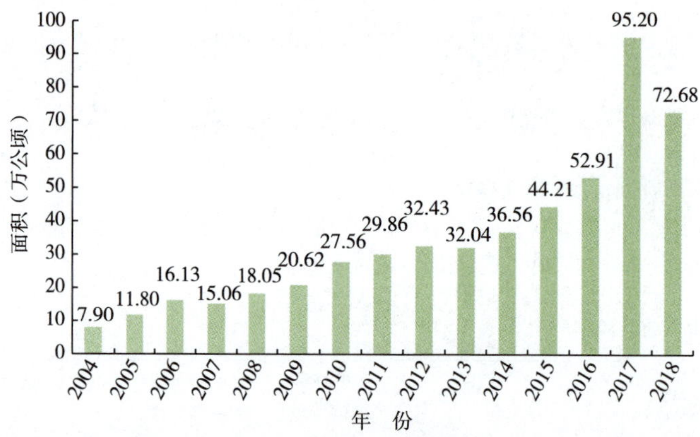

图2-43 2004—2018年全球有机干豆类作物种植面积发展情况

数据来源：2020年FiBL调查

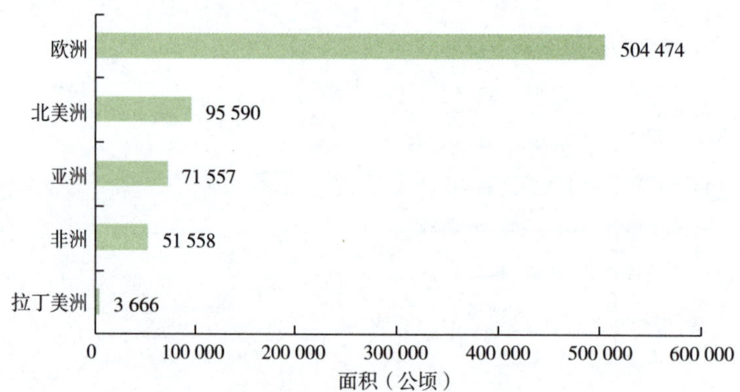

图2-44 2018年各洲有机干豆类种植面积分布

数据来源：2020年FiBL调查

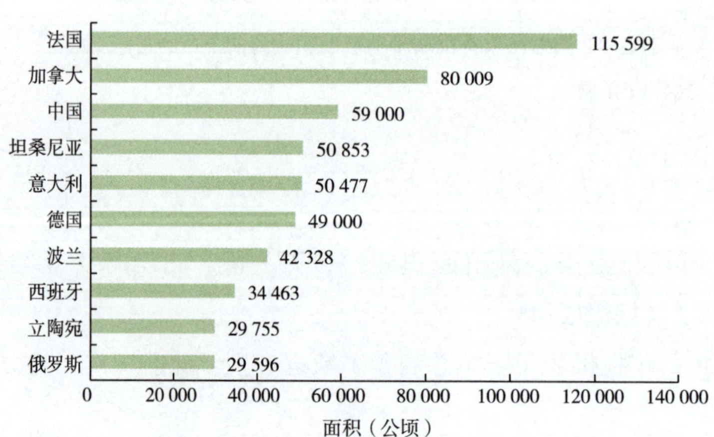

图2-45 2018年有机干豆类作物种植面积位列前十位的国家/地区

数据来源：2020年FiBL调查

2.2.7.6 温带水果

2018年，有机温带水果的种植面积将近22.4万公顷，占全球温带水果种植总面积的1.9%，详情见图2-46至图2-49。

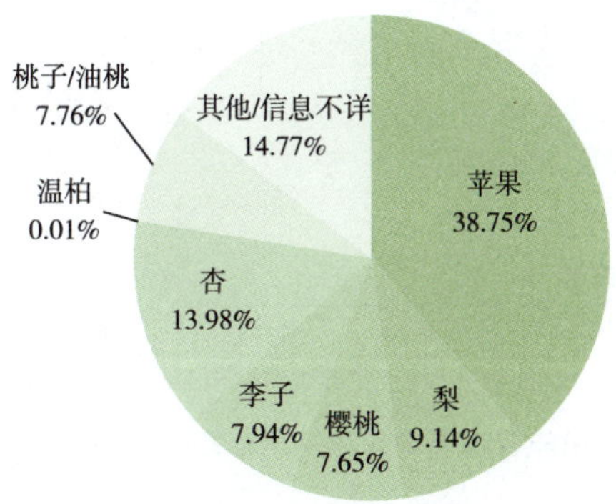

图2-46 2018年全球有机温带水果品类种植面积发展情况

来源：2020年FiBL调查

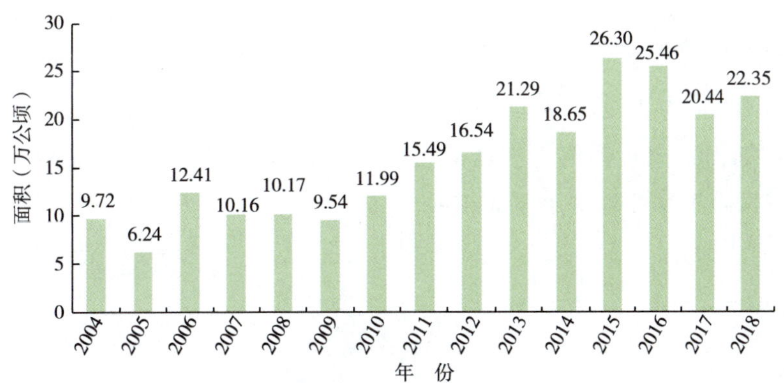

图2-47 2004—2018年全球有机温带水果种植面积发展情况

来源：2020年FiBL调查

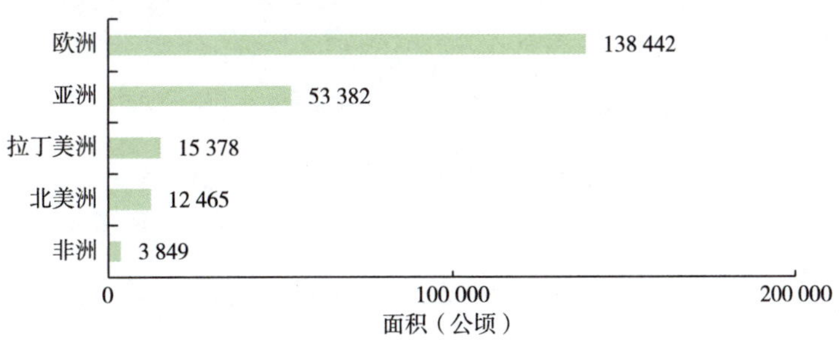

图2-48 2018年各洲有机温带水果种植面积分布

来源：2020年FiBL调查

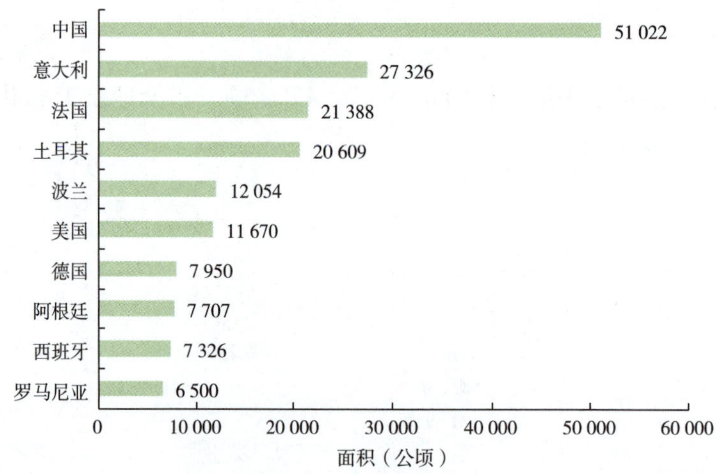

图2-49 2018年有机温带水果种植面积位列前十位的国家/地区

数据来源：2020年FiBL调查

2.2.7.7 热带及亚热带水果

2018年，有机热带及亚热带水果的种植面积约27.4万公顷，占全球热带及亚热带水果种植总面积的1.1%，详情见图2-50至图2-53。

需要注意的是，由于墨西哥数据源的变化，其报告的土地减少了10万多公顷，从而导致有机热带水果和亚热带水果面积的大量减少。

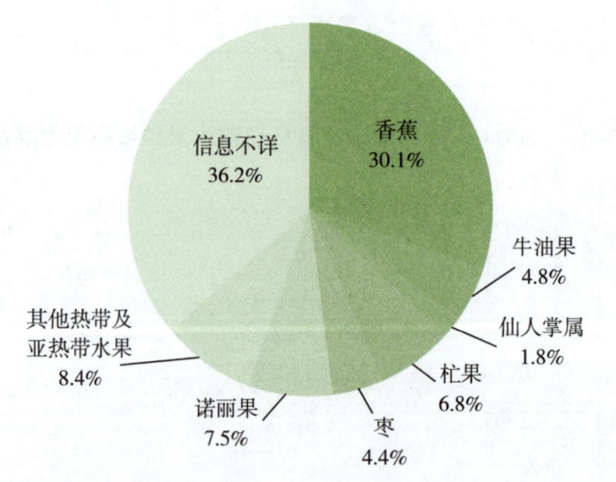

图2-50 2018年全球有机热带及亚热带水果种植面积分类占比情况

数据来源：2020年FiBL调查

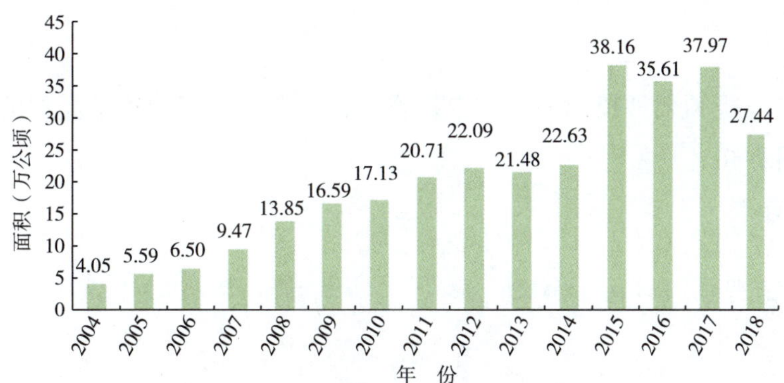

图2-51 2004—2018年有机热带及亚热带水果种植面积发展情况

数据来源：2020年FiBL调查

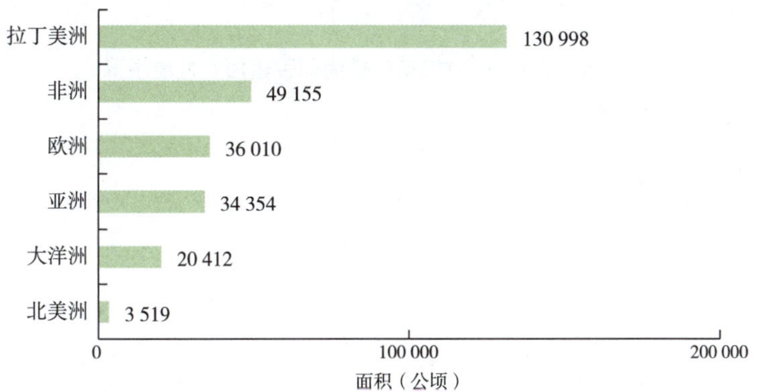

图2-52 2018年各洲有机热带及亚热带水果种植面积分布

数据来源：2020年FiBL调查

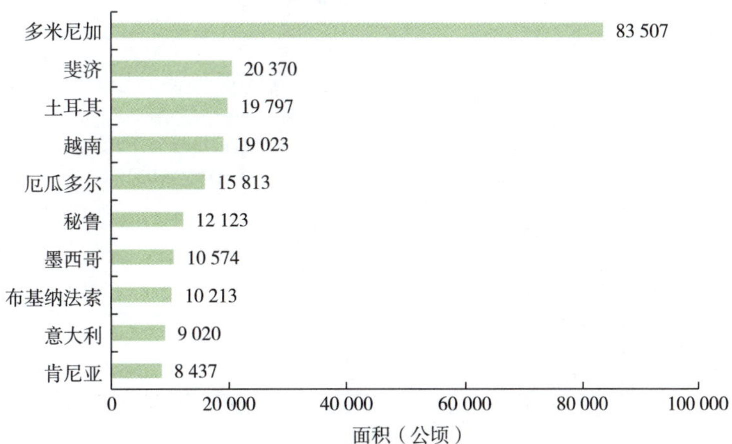

图2-53 2018年有机热带及亚热带水果种植面积位列前十位的国家/地区

数据来源：2020年FiBL调查

2.2.7.8　葡萄类

2018年，有机葡萄种植面积约42.2万公顷，占全球葡萄种植总面积的6.1%，详情见图2-54至图2-56。

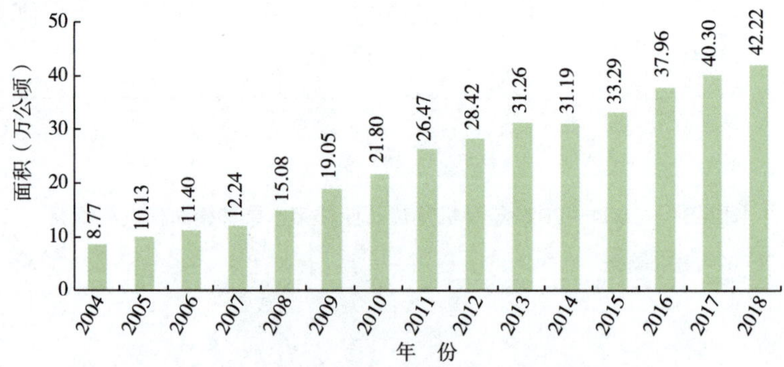

图2-54　2004—2018年有机葡萄种植面积发展情况

数据来源：2020年FiBL调查

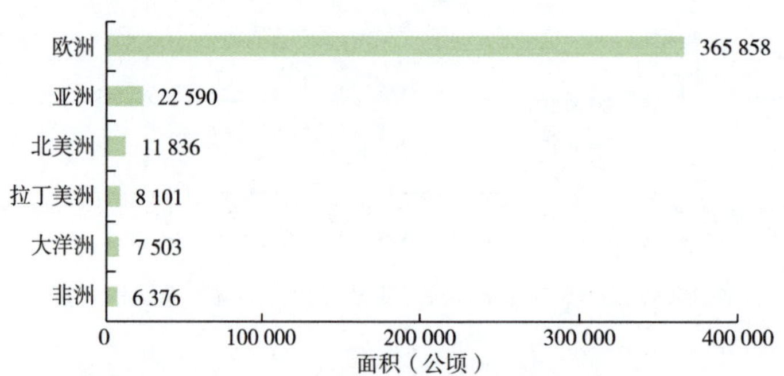

图2-55　2018年各洲有机葡萄种植面积分布

数据来源：2020年FiBL调查

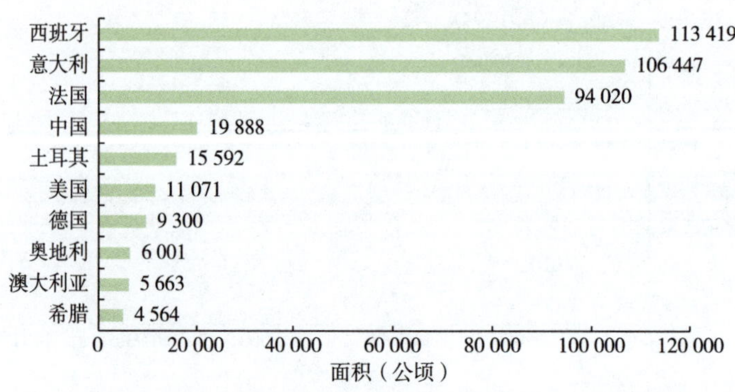

图2-56　2018年有机葡萄种植面积位列前十位的国家/地区

数据来源：2020年FiBL调查

2.2.7.9 油料作物

2018年，有机油料作物的种植面积将近140万公顷，占全球油料作物种植总面积的0.6%，详情见图2-57至图2-60。

需要注意的是，2017年提供的油料作物数据有别于此前版本，是由于中国数据的全面修正所导致。

有关大豆生产的更多信息（有机和其他自愿性可持续性标准——VSS），请参见《2019年可持续市场状况——统计和新兴趋势》报告。

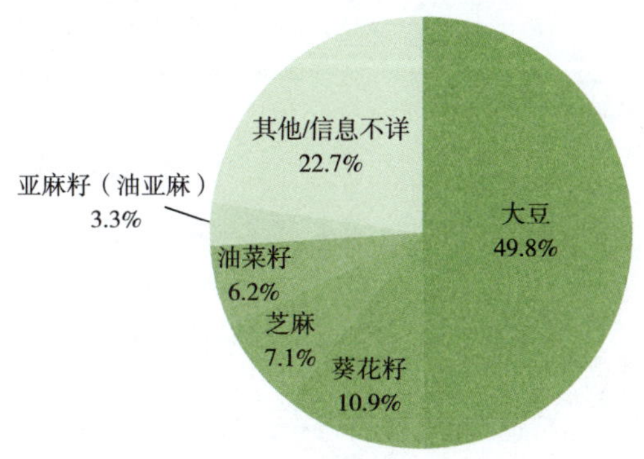

图2-57 2018年全球不同有机油料作物种植面积

数据来源：2020年FiBL调查

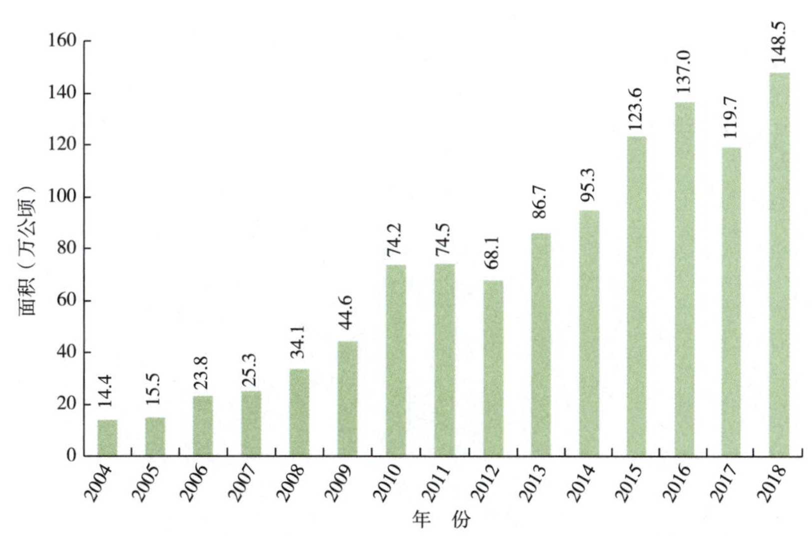

图2-58 2004—2018年有机油料作物种植面积发展情况

数据来源：2020年FiBL调查

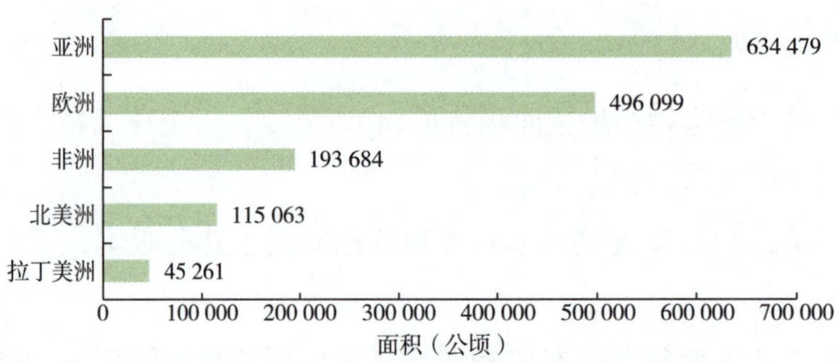

图2-59　2018年各洲有机油料作物种植面积分布

数据来源：2020年FiBL调查

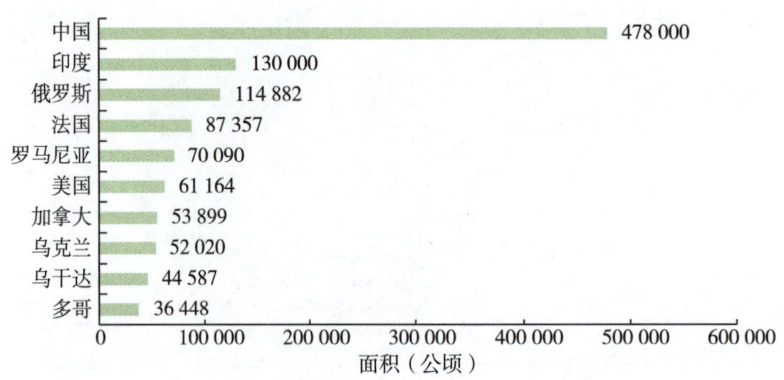

图2-60　2018年有机油料作物种植面积位列前十位的国家/地区

数据来源：2020年FiBL调查

2.2.7.10　橄　榄

2018年，有机橄榄的种植面积约87.2万公顷，占全球橄榄种植总面积的8.2%，详情见图2-61至图2-64。

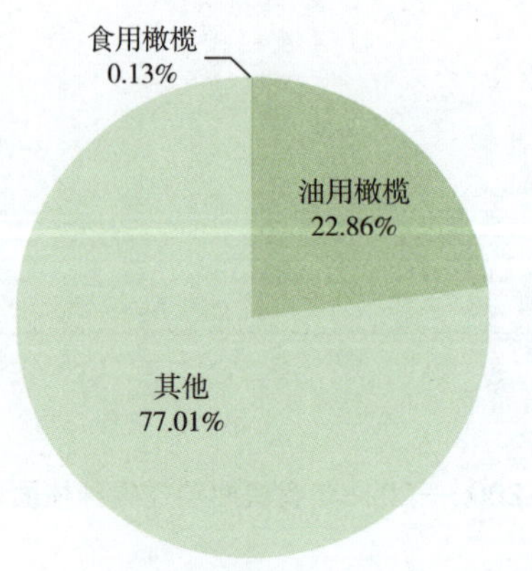

图2-61　2018年全球不同有机橄榄种植面积

数据来源：2020年FiBL调查

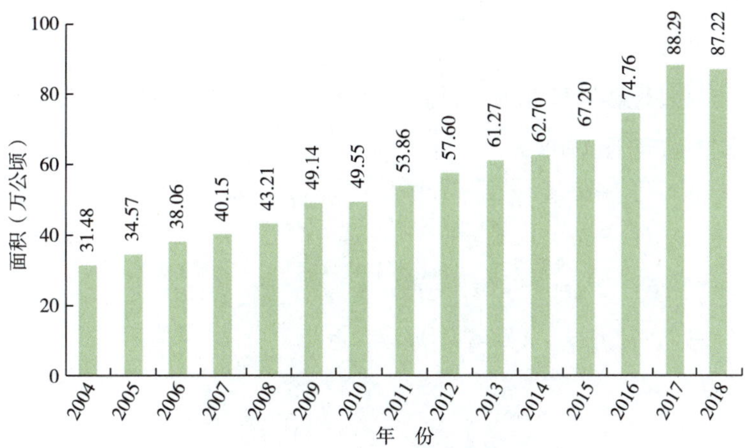

图2-62　2004—2018年有机橄榄种植面积发展情况

数据来源：2020年FiBL调查

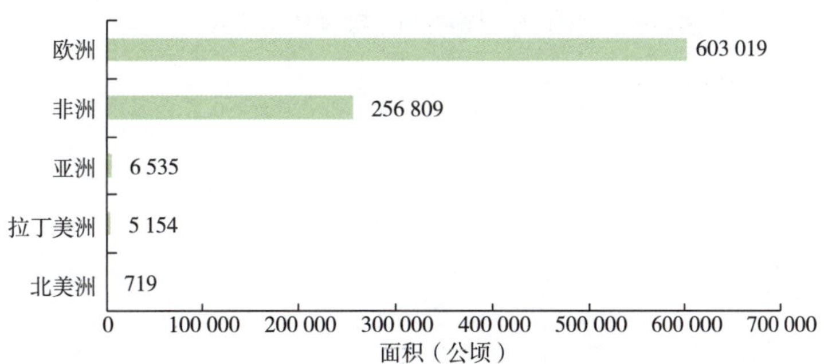

图2-63　2018年各洲有机橄榄种植面积分布

数据来源：2020年FiBL调查

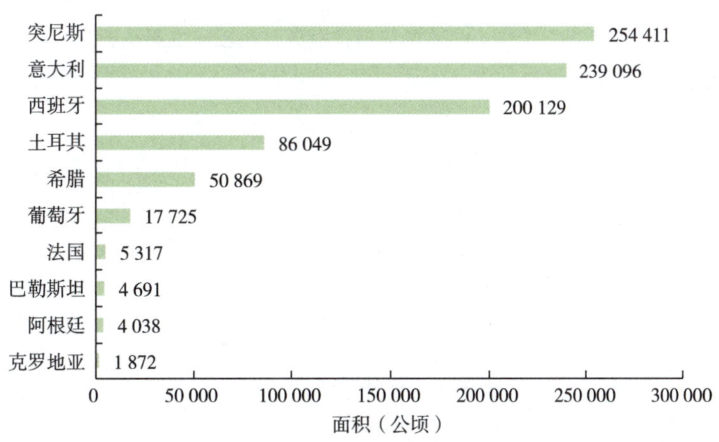

图2-64　2018年有机橄榄种植面积位列前十位的国家/地区

数据来源：2020年FiBL调查

2.2.7.11 蔬 菜

2018年，有机蔬菜的种植面积约38.7万公顷，占全球新鲜蔬菜种植总面积的0.6%，详情见图2-65至图2-68。

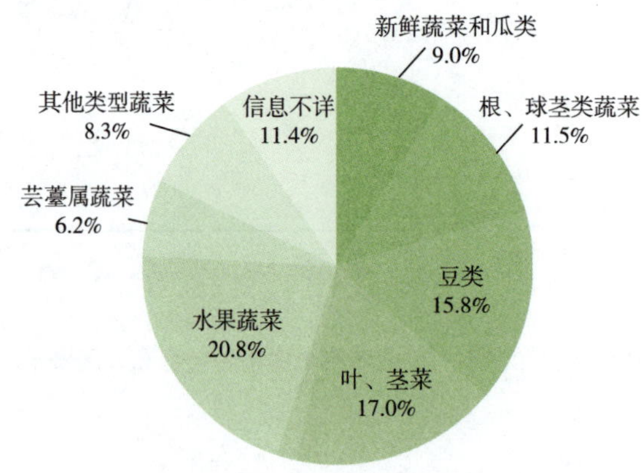

图2-65 2018年全球有机蔬菜种植类型占比情况

数据来源：2020年FiBL调查

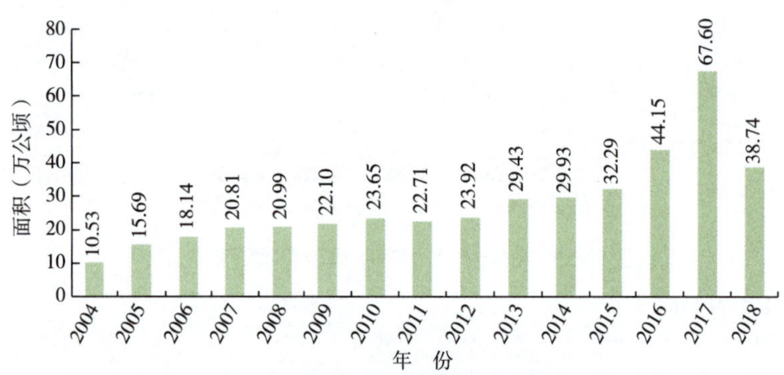

图2-66 2014—2018年有机蔬菜种植面积发展情况

数据来源：2020年FiBL调查

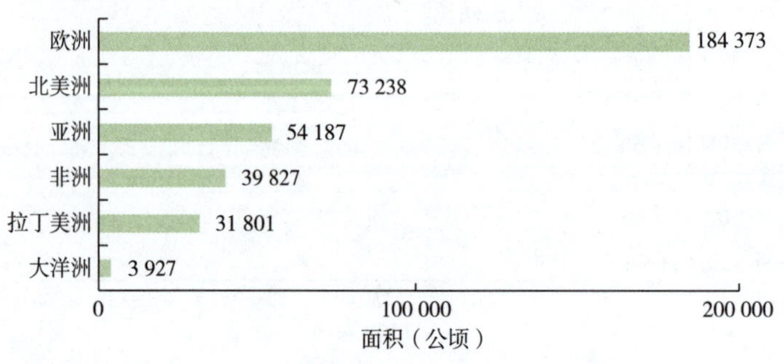

图2-67 2018年各洲有机蔬菜种植面积分布

数据来源：2020年FiBL调查

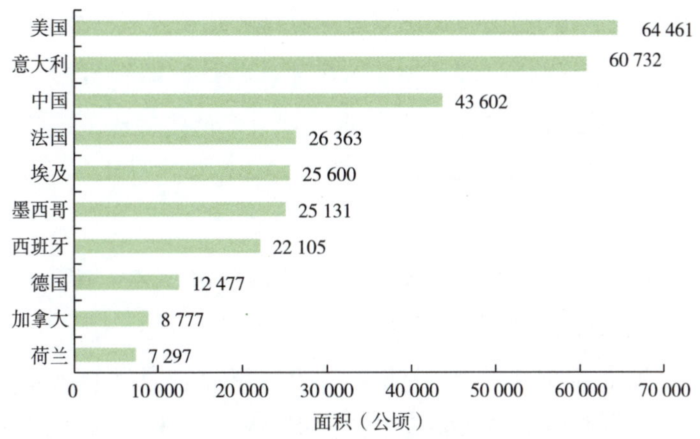

图2-68 2018年有机蔬菜种植面积位列前十位的国家/地区

数据来源：2020年FiBL调查

需要注意的是，2016年和2017年的蔬菜种植面积有别于此前版本。这是由于2017年中国，以及2016年和2017年墨西哥数据的全面修正所导致。

2.3 有机棉[①]

2.3.1 全球发展趋势

2017/2018年度是有机棉大获丰收的一年。全球有机棉产量显著提高了56%，同时产量也达到了2010/2011年度金融危机以来历史最高的180 871吨。

数据的增长的主要来源在印度、中国和吉尔吉斯斯坦，但其他国家也对全球有机棉的增长做出了重大贡献，包括土耳其、坦桑尼亚和塔吉克斯坦。2017/2018年度除了认证的180 871吨有机棉产量外，另有44 394公顷向有机生产转化的棉花种植地分布在上述6个国家。这一数据低于2016/2017年度的219 086公顷，这是由于其中一部分土地

① 本章节为《2019年度有机棉市场报告》的梗概版，该报告由Lisa Barsley，Liesl Truscott，Evonne Tan和Amish Gosai撰写，且由以下纺织品交易所区域代表收集生产数据：Atila Ertem（土耳其和中亚）、Amish Gosai（印度）、Sandra Marquardt（美国）、Silvio Moraes（拉丁美洲）、Leonard Mtama（东非）、SilvèreTovignan（西非）以及Lazare Yombi（西非）。本章节翻译：倪一凡。

纺织品交易所（Textile Exchange）2019年市场报告可查阅：https：//store.textileexchange.org/product/2019-organic-cotton-market-report/。

更多纺织品交易所信息请登录https：//textileexchange.org/。

更多有机棉信息请登录www.aboutorganiccotton.org。

已经完成转化获得认证，也为2017/2018年度棉纤维产量贡献了56%的增长。

2017/2018年度，全球约有182 876名农民生产经认证的有机棉，共分布在19个国家。他们在356 131公顷的认证土地上进行生产。一个值得关注的趋势是，和其他作物相比，印度农民选择用更多的有机认证土地来进行棉花生产，这一比例从45%显著地提高到70%。

预测表明全球有机棉产量将在2019/2020年持续增长，这一增长将主要来自印度、坦桑尼亚、土耳其、吉尔吉斯斯坦和巴西等国。

2017/2018年度有机棉生产排名前七位的国家分别是印度（47.29%）、中国（21.33%）、吉尔吉斯斯坦（12.33%）、土耳其（6.44%）、塔吉克斯坦（4.98%）、美国（2.81%）和坦桑尼亚（2.70%），这7个国家的生产总量占全球总产量的98%。

其余2%的有机棉产量来自希腊（0.47%）、乌干达（0.42%）、贝宁（0.39%）、布基纳法索（0.30%）、秘鲁（0.28%）、埃及（0.16%）、马里（0.04%）、埃塞俄比亚（0.02%）、巴西（0.01%）、塞内加尔（0.003%）、阿根廷（0.001%）及泰国（0.001%）。

2.3.2 各地区生产概况

2.3.2.1 非　洲

2017/2018年度，非洲生产有机棉的国家包括东部的埃塞俄比亚、坦桑尼亚和乌干达，以及西部的贝宁、布基纳法索、马里和塞内加尔。总体上，共有36 091名农民在68 321公顷的土地上生产了有机棉纤维7 048吨。与上一生长季相比，增长了20%。目前非洲有机棉花产量占全球总产量的4%。除此之外另有1 712公顷棉花种植地转型为有机种植，这部分土地位于坦桑尼亚（1 297公顷）及马里（415公顷）。

2.3.2.2 中　国

在中国，2017/2018年度至少有1 472名农民（不完全统计）在20 023公顷的土地上生产了38 586吨有机棉纤维，比上一年度增长了71%。目前中国有机棉产量占全球总产量的21%，且有3 669公顷的棉花种植土地正处于有机转换期。

2.3.2.3 EMENA地区和中亚地区

2017/2018年度EMENA地区及中亚地区生产有机棉的国家包括埃及、希腊、吉尔吉斯斯坦、塔吉克斯坦和土耳其。共计有2 414名农民在29 432公顷的土地上生产了44 097吨有机棉纤维，与上一生长季相比增长了88%。目前该地区有机棉产量占全球总产量的24%。另有12 840公顷的棉花种植土地正处于有机转换期，其中大部分位于吉尔吉斯斯坦和土耳其，塔吉克斯坦和埃及也有一部分。

2.3.2.4 拉丁美洲和加勒比地区

2017/2018年度，该区域种植有机棉的国家包括阿根廷、巴西和秘鲁。共计1 172名农民在1 300公顷的土地上生产了526吨有机棉纤维，与上一生长季相比增长了38%，占全球有机棉总产量的0.3%。另有627公顷的棉花种植土地正处于有机转换期，分别位于秘鲁（309公顷）和巴西（318公顷）。一个正在进行的新项目旨在使用有机农业方法将棉花种植重新引入海地，但这一方案尚未获得认证。值得注意的是，一部分巴西有机棉是根据参与式保障体系（PGS）种植，这是第三方认证的一个替代方法。

2.3.2.5 南　亚

2017/2018年度，南亚地区有机棉生产国包括印度和泰国（泰国有机棉生产遵循参与式保障体系）。该地区由141 659名农民在226 411公顷的土地上共生产了85 531吨有机棉纤维，与上一生长年度相比显著提高了44%。印度占该地区总产量的大部分（超过99%），占全球产量的47%。奥里萨邦和中央邦分别生产了29%的有机棉花，其次是古吉拉特邦（21%）、马哈拉施特拉邦（15%）、拉贾斯坦邦（6%）、泰兰加纳邦（1%）和卡纳塔克邦（1%）。

在巴基斯坦，2017/2018年度有正处于有机转换期的土地、但没有经过认证的有机棉产品，这一情况将持续到2018/2019年度。除此之外，缅甸也正在进行一项试点计划。

2.3.2.6 美　国

在美国，2017/2018年度，68位农民在10 644公顷的土地上生产了5 082吨有机棉纤维，比上一年度增长了12%。美国目前的有机棉产量占全球总产量的3%。大部分有机棉花种植在得克萨斯州（96%），其余4%种植在新墨西哥州和北卡罗来纳州。

2.3.3 有机和纺织品标准

有机棉种植在轮作系统中，可以提高土壤肥力，保护生物多样性，并且不使用任何合成化学品或遗传改良生物。有机棉生产符合有机生产的国家法律，包括欧盟理事会（EC）颁布的第834/2007号文件关于有机生产和有机产品标签的规定、美国农业部国家有机项目（NOP）以及印度有机生产国家计划（NPOP）。

自愿性标准、全球有机纺织品标准（GOTS）和有机含量标准（OCS）提供从农场到最终产品的监管链保证。另外，全球有机纺织品标准（GOTS）也处理纺织品加工的相关问题。

2017—2018年，获得有机含量标准（OCS）认证的设施总数从3 643个增长到4 226个，增长率为16%。尽管最高的增长率出现在意大利（141%），但就设施的实际数量而言，对全球增长贡献最大的国家是孟加拉国（增加304个设施）以及土耳其（增加169个设施）。

2017—2018年，获得全球有机纺织品标准（GOTS）认证的设施总数从5 024个增长到5 760个，增长率为15%。这一进步在生产及消费地区皆有所表现。增长率较高的国家为孟加拉国（29%）、美国（25%）、巴基斯坦（23%）及韩国（23%）。就设施的总数而言，增长数量最多的国家及地区依次为印度（增加了315个设施）、孟加拉国（增加了155个设施）及欧洲（增加了98个设施）。

2017/2018年度有机棉生产面积说明

纺织品交易所报告的土地面积数据是指由有机棉花的生产者组织认证符合有机标准的土地。然而，除种植有机棉花外同一块土地还可以且正越来越多地被用于种植其他有机作物。轮作是有机农业的基础，但由于近年来棉花价格低迷且呈下降趋势，越来越多的棉花种植农民正转向种植其他作物以获得更高的市场利润，如印度的万寿菊。这意味着所报告的土地面积数据不一定反映仅用于种植有机棉的土地面积，因此与收获的有机棉数量相比显得过高。

扩展阅读

获取纺织品交易所2019年度有机棉市场报告可登录https：//store.textileexchange.org/product/2019-organic-cotton-market-report/。

参考文献和扩展资料

Bergleiter S.，Berner N.，Censkowsky U.，Julià-Camprodon G. 2009. Organic aquaculture 2009-production and markets[M]. Munich：Organic Services GmbH and Gräfelfing，Naturland e.V.

Food and Agriculture Organization of the United Nations（FAO）. 2010. Organic aquaculture：The future of expanding niche markets[EB/OL].http：//www.fao.org/docrep/015/i2734e/i2734e04c.pdf

Potts Jason，Wilkings Ann，Lynch Matthew，McFatridge Scott. 2016. State of Sustainability Initiatives Review：Standards and The Blue Economy[EB/OL]. International Institute for Sustainable Development，Manitoba，Canada.http：//www.iisd.org/ssi/standards-and-the-blue-economy/

3 全球有机食品进口市场

3.1 全球有机食品（含饮料）市场[①]

3.1.1 概　况

2018年，全球有机食品的销售额首次突破1 000亿美元大关。有机食品市场在20世纪90年代几乎没有市场价值，但如今它已经在全球达到1 055亿美元的市值[②]。有机食品被认为是食品行业可持续发展的重要成功案例。目前食品工业中有300多种生态标签分别代表了一些道德、环境或可持续性方面的特征，其中有机标签被广泛认为是主要的生

---

① 本章节作者：Amarjit Sahota（Ecovia Intelligence）；翻译：姚韫喆；作图：赵惠娟。本章节根据Ecovia Intelligence公司（原名Organic Monitor）2019年报告《全球食品和饮料市场》的内容编写。未经Ecovia Intelligence书面同意，本章内容不得复制或用于其他商业出版物。如需获得许可，请写信至：

Ecovia Intelligence
79 Western Road，London W5 5DT
Phone：（44）20 8567 0788
e-mail：services@ecoviaint.com，www.ecoviaint.com

② 请注意，由于方法的不同，Ecovia Intelligence与FiBL在统计有机食品销售额数据上存在差异。

态标签。目前在180多个国家和地区都有实行有机耕作的农民，有机行业被认为是食品工业可持续发展的堡垒。

3.1.2 北美洲

北美洲的有机食品（含饮料）市场总销售额为510亿美元，是最大的有机食品市场，几乎占全球营业额的一半。

有机产品在美国和加拿大的食品零售商中具有很高的渗透率。所有领先的食品零售商现在都以自有品牌来销售有机食品。美国Safeway公司的O Organics品牌和加拿大Loblaws公司的PC Organics品牌分别是销售有机产品最佳的自有品牌。美国第二大食品零售商克罗格（Kroger）宣布，其自有品牌Simple Truth的销售额在2017年超过了20亿美元，而Simple Truth品牌销售的正是大量有机、天然和无添加的产品。

有机食品和配料也正在进军餐饮和食品服务领域。许多餐厅、咖啡馆和快餐店都开始使用有机的食材。一些餐饮店铺专注于有机产品，例如，首家获得美国农业部（USDA）认证的有机快餐店The Organic Coup于2015年在旧金山开业。截至2019年，该公司在加利福尼亚州和华盛顿州总共经营着12家快餐店。

Amy’s Drive Thru是第一家有机素食汽车餐厅。2016年夏天，第一个通车餐厅在加利福尼亚州罗纳特公园开业。它计划在加利福尼亚州再开设5个门店，然后再进一步扩展。

北美洲的有机食品需求持续地超过供应情况，因此有机食品不断从各大洲进口到美国。美国与瑞士、加拿大、日本、韩国、中国台湾及欧盟等不同国家和地区之间的有机贸易促进了有机产品的进口。

3.1.3 欧　洲

欧洲是有机食品（含饮料）的全球第二大市场，市场价值约450亿美元，占2018年全球有机食品收入的42%。

在欧洲，大部分有机食品是由主流零售商销售的。所有主流超市都提供自有品牌的有机食品。德国是以国家为单位的最大有机市场，这里的超市、药店、折扣店和有机食品店都有自有品牌有机产品。

无论是在零售或非零售渠道中，有机食品的配送日渐增多。有机产品正在进入专业配送到家服务、在线零售、药店等领域。在北欧，农场直销则变成了越来越主要的销售渠道。农户通过农贸市场和农场商店直接向消费者出售有机产品。区域性农产品的消费普及推动了这一趋势的发展。例如，英国的包装方案公司每周为Riverford有机农场提供约5万个有机蔬菜箱。

许多零售商都在积极推广其有机产品。超市在电视、广播、杂志和广告牌上推广其自有品牌有机产品的现象越来越普遍。

与北美洲类似，餐饮和食品服务行业开始更多使用有机食品和配料。越来越多像麦当劳、宜家和Pret A Manger这样的连锁店也在采购有机产品。国家政府鼓励公共机构使用有机食品。例如，法国政府于2018年2月提出一项法案，要求到2022年，餐饮和食品服务部门（CFS）购买的食品中至少一半必须是有机的、高品质认证的或本地生产的。

有机食品的销售集中在西欧。虽然波兰、乌克兰和匈牙利等中欧和东欧国家（CEE）是有机作物的重要生产国，但是他们国内有机产品市场的空间相对较小。

3.1.4 其他地区

尽管全世界对有机产品的需求都在增长，但其他地区的有机食品和饮料市场仍然相对较小。2018年亚洲、大洋洲、拉丁美洲和非洲有机产品的市值总额为96亿美元。

亚洲是有机产品的第三大市场。随着印度、中国和印度尼西亚等国家和地区消费者意识的增强，有机食品市场正在健康发展。2000年前后有机食品在亚洲很少见，随着欧洲和北美洲有机产品发展的趋势，大型食品零售商在销售有机产品方面变得更加活跃，其中部分也推出了自有品牌并建立系列有机产品的供应链。

亚洲有机作物主要的生产国是农业占比较大的国家，如印度、中国、印度尼西亚、泰国、斯里兰卡和菲律宾。但是，主要的消费者市场则是较富裕的国家，如中国、韩国、日本和印度。的确，中国和印度起初都只是较大的有机产品生产商和出口商，只是在近几年才发展出了规模可观的国内市场。

巴西是拉丁美洲最大的有机产品市场。与亚洲类似，中产阶级正在寻求健康、有营养的食品，所以他们的需求正在增长。根据Organis的资料，现在有19%的巴西人定期购买有机产品，而街头市场和超市是有机食品销售最重要的渠道。其他拉丁美洲国家，如阿根廷、秘鲁、智利和哥伦比亚，有的国家是以出口为导向的有机食品市场。

澳大利亚和新西兰也都有重要的有机产品市场。不过这两个国家主要出口有机产品，包括牛肉、羊肉、猕猴桃、苹果、梨、洋葱、葡萄酒和乳制品。

3.1.5 增长前景

预计未来几年有机食品（含饮料）的销售将继续以稳健的速度增长。从最初的欧洲和美国开始，有机食品的生产和消费现已成为一种全球现象。

现在世界上几乎每个国家都在进行有机农业种植。然而，对有机食品的需求仍然集中在北美洲和欧洲。尽管这两个地区所占的市场份额正在下降，但其所占市场份额依然超过了全球销售额的85%。一项重要挑战是要在亚洲、拉丁美洲和非洲各国建立和发展繁荣的本地市场。

另一个挑战是各种类别的可持续食品之间的竞争加剧了。随着越来越多的公司采用生态标签和可持续性方案，可持续性已成为食品行业不可或缺的一部分。有机行业只是日益复杂的可持续发展组合中的一部分。比较令人担忧的是相比其他可持续行业，有机行业的发展似乎日益边缘化。

消费者的喜好也在变化。消费者需要符合道德和可持续性的产品。有机产品只是他们面对的各种选择之一。在全球范围内，由于一些消费者希望减少或避免使用动物性产品，植物性食品正变得日益流行。有些时候，消费者想要减少肉类和奶制品而购买植物替代品，其原因与购买有机食品的原因相同：出于对环境、动物福利和广义健康的关注。在美国，有机乳制品的销售已经受到这些消费者行为变化的影响了。

尽管对有机产品市场的预测似乎有些乐观，但人们仍然对有机食品将如何融入这个可持续标签逐渐增多的食品行业存有疑问。它在这个绿色迷宫中向哪个方向航行将决定未来10年里其增长速度。

3.2 2018年欧盟有机产品进口情况分析[①]

本章节总结了欧洲委员会的农业市场摘要第14号文件《欧盟有机产品进口》（欧洲委员会，2019）。该摘要旨在从产品和产地两个方面描述欧盟从第三国进口有机食品的主要特征。

3.2.1 欧盟有机进口量

2018年，欧盟共进口了330万吨有机产品。热带水果（新鲜或干制）、坚果和香

① 本章节作者：Elena Panichi；翻译：姚韫喆；作图：赵惠娟。

料的进口量最大，总计793 597吨，占总进口量的24.4%。紧随其后的进口产品是豆饼（352 043吨，占比10.8%）、除小麦和大米以外的谷物（255 764吨，占比7.8%）、小麦（243 797吨，占比7.5%）和大米（216 017吨，占比6.6%）（图3-1）。

欧盟采购的进口有机农产品来源广泛，共有115个国家有出口到欧盟的记录。从数量上看，中国是欧盟最大的有机食品供应国，2018年出口到欧盟的有机产品为415 243吨，占欧盟进口总量的12.7%。厄瓜多尔、多米尼加、乌克兰和土耳其分别占欧盟进口总量的8%。

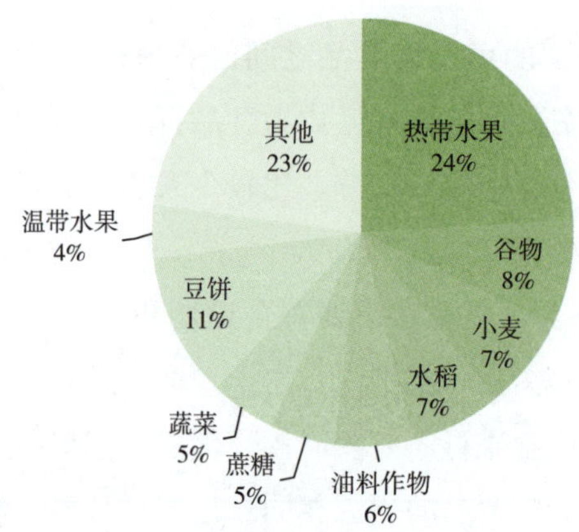

图3-1 欧盟有机农产品进口类别

数据来源：2019 TRACES /European Commission

3.2.2 欧盟产品进口国分析

通过对各个主要进口来源国进行分析后，得出以下结论（图3-2）。

（1）从中国进口的产品中，近3/4是豆饼，其余进口产品以大豆（5.7%）和其他油料种子（5%）为主。

（2）关于厄瓜多尔，超过90%的进口产品是热带水果（新鲜或干制）、坚果和香料。其中大部分进口产品可能为香蕉，剩余的10%主要为蔬菜、水果或坚果（3.8%）、棕榈或棕榈油（2.4%）。水产品、可可豆、蔬菜和其他产品，每种产品所占进口量均不到1%。

（3）多米尼加几乎只向欧盟提供热带产品，90%的进口产品是热带水果（新鲜或干制）、坚果和香料，另有10%是可可豆。

（4）乌克兰是欧洲大陆对欧盟最重要的有机供应商，欧盟从乌克兰进口的总量有

70%为谷物，包括42.8%的其他谷物（不含小麦和大米）和28.5%的小麦。油料种子占进口总量的15%以上，包括10.8%的大豆和5%的其他油料种子（不含大豆）。

（5）对于土耳其来说，出口到欧盟最多的是谷物，占总进口量的40%，包括小麦（19.7%）和其他谷物（17.8%）。占进口总量第二位的是油料种子（16.9%）。水果和蔬菜合计占比24%以上，其中蔬菜占比12.9%（新鲜、冷冻或干制），除柑橘和热带水果以外的水果有11.5%（新鲜或干制）。

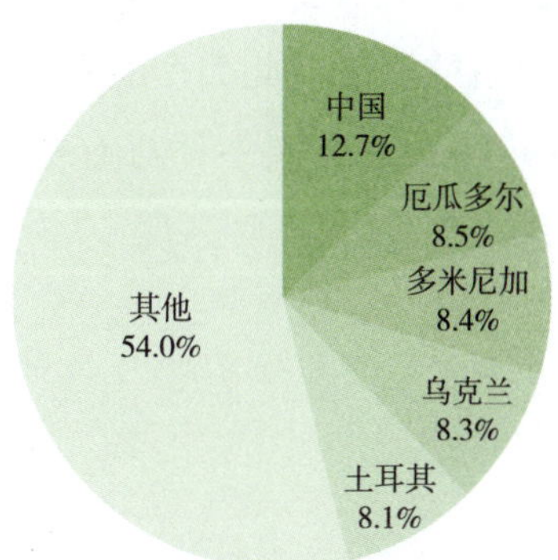

图3–2 欧盟有机农产品进口国分布

数据来源：2019 TRACES /European Commission

3.2.3 特定产品或产品组合的分析

以调整后的有机食品进口额来分析，最重要的产品组合是热带水果（新鲜或干制）、坚果和香料、生咖啡、散装茶和马黛茶、除柑橘及热带水果以外的水果（新鲜或干制）和可可豆。

（1）欧盟进口有机热带水果（新鲜或干制）、坚果和香料的主要国家有厄瓜多尔（31.8%）、多米尼加（31%）和秘鲁（17.4%）。其余国家与之相比占比都较低。

（2）对于生咖啡、散装茶和马黛茶而言，秘鲁是最大的供应国（31.2%），其次是洪都拉斯（30.9%）和墨西哥（7.2%）。

（3）除柑橘和热带水果以外的水果（新鲜或干制）有一半以上都来自阿根廷（20.7%）、土耳其（20.7%）和新西兰（11.5%）。

（4）多米尼加是可可豆的主要供应国（36.5%），第二供应国是秘鲁（21%）。其余进口可可豆主要来自非洲（40%），其中包括刚果（金）（13.3%）、塞拉利昂（10.3%）、乌干达（6.8%）、坦桑尼亚（4.3%）、圣多美和普林西比、马达加斯加。

3.2.4 从进口总量来分析部分有机产品的重要性

为了评估有机食品在欧盟所有进口农产品中的重要性，因此以各产品类别中有机产品所占份额为数据进行了分析。

橄榄油是其中最重要的产品类别，有机产品占其进口总量的20.7%。面粉及其他研磨制品行业中有机所占份额为15.2%，进口蔗糖中有机产品所占份额为11%，有机大米所占份额为10.9%。从绝对值上来说，热带水果（新鲜或干制）、坚果和香料是最重要的有机产品类别，但有机进口仅占欧盟进口此类产品农产品总量的9%。

这些数据表明，在某些特定的产品类别中，对有机产品有重大需求，如有机橄榄油、面粉、糖、大米和热带水果。

3.2.5 背景说明

3.2.5.1 第三国

欧盟根据以下两种不同的制度从第三国进口有机产品。

（1）具有有机标准等效协议的第三国：包括美国、加拿大、日本、韩国、印度、阿根廷、澳大利亚、新西兰、哥斯达黎加、智利、以色列、瑞士和突尼斯。按照1235/2008号法规的附件Ⅲ，这些国家的有机产品生产和监管系统与欧盟有机认证具有同等效力。

（2）监管系统：由欧洲委员会授权并在同一法规的附件Ⅳ中列出的私营机构，可以在第三国对当地有机运营商及其出口产品进行认证。自2021年起，根据新的法规2018/848，这些监管机构必须申请欧盟法规的管控。

3.2.5.2 电子检查证书（CoI）

自2017年10月起，每批进入欧盟的托运货物必须随附的检查证书（CoI）已变为电子形式。该系统不仅增强了来自第三国的有机产品的可追溯性，还促进了欧盟对有机产品进口有价值数据的收集和数据库建立。但这些数据仅提供数量，相关价值需要估算后方可使用。

3.2.5.3 TRACES-欧盟委员会的多语言在线管理工具

TRACES（贸易控制和专家系统）是欧盟委员会的多语言在线管理工具，主要负责对欧盟内部贸易，以及动植物、食品和饲料的进口贸易进行监管和出具卫生证书。这个系统24小时提供免费服务，并且有35种语言的版本。其主要目的是通过集中处理卫生证书所需的所有数据，简化和加速贸易。

电子检查证书CoI的模块是根据现行的有机法规开发的。它确保了那些以有机形式进口到欧盟的产品具有可追溯性，同时保障了供应链中的不同角色之间可进行信息交换。该系统仅允许进口符合欧盟有机法规范围内的产品，从而为产品的CN代码提供了内置的自动检查功能。

3.2.6 产品分类

本章节所使用的分类系统是基于欧盟委员会总农业局（DG AGRI）每月发布的“农产品贸易监测政策”。其中包括了6类产品：商品、其他主要产品、加工产品、食品的制备、饮料和非食用产品。

（1）商品：包括谷物、植物油与油料种子、糖、奶粉和黄油、生咖啡和可可。

（2）其他主要产品：包括肉制品、水果和蔬菜、酸奶和蜂蜜。

（3）加工产品：包括奶酪、已加工肉制品、葡萄酒和果汁。

（4）食品的制备：包括婴儿食品、糖果和面食。

（5）饮料：包括啤酒、烈酒和软饮料。

（6）非食用产品：包括植物和精油。

此外，有机法规在其范围内还涉及水产类产品，这些产品以“非农业”标签和类别进行登记处理。

参考文献

Ecovia Intelligence. 2019. The Global Market for Organic Food & Drink[EB/OL]. Ecovia Intelligence. www.ecoviaint.com

European Commission. 2019. Organic Imports in the EU. A first analysis-Year 2018[EB/OL]. EU Agricultural Markets Briefs. No 14，March 2019. https：//ec.europa.eu/info/sites/info/files/foodfarming-fisheries/farming/documents/market-brief-organic-imports-mar2019_en.pdf

European Commission. 2019. Agri-food trade in 2018：Monitoring Agri-trade Policy 2019/01[EB/OL]. The European Commission，Brussels. https：//ec.europa.eu/info/sites/info/files/food-farmingfisheries/news/documents/agri-food-trade-2018_en.pdf

4 标准、法规和政策支持

4.1 公共标准和法规[①]

4.1.1 欧盟新有机产品监管法规的发展

2018年，欧盟通过了新的有机产品监管基础法规，该法规将于2021年正式生效。同时，其二级法规《有机产品生产、标签、控制、贸易实施条例》已于2018年开始起草和通过，2020年将持续推进，该法规的修订历经了10年之久。

2011年年底，即现行有机产品监管法规[②]生效不到3年的时候，欧盟委员会决定重新审视欧盟有机产品监管立法框架，并启动了为期18个月的影响评估研究。2014年3月，欧盟委员会向欧盟农业理事会（委员会）和欧洲议会呈交了一份提案。

---

① 本章节作者：Emanuele Busacca、Flávia Moura e Castro、Joelle Katto-Andrighetto和Beate Huber，以及瑞士有机农业研究所的Otto Schmid和Lukas Kilcher共同完成了本章内容，该部分内容已在2005—2019的世界有机农业报告中做过阐述；翻译和作图：中国农业大学经济管理学院博士生导师、国家农业农村发展研究院研究员王玉斌，中国农业大学经济管理学院博士研究生李杰。

② 法规（欧洲共同体）第834/2007号及其实施条例（欧洲共同体）第889/2008号与第1235/2008号。

欧盟农业理事会（委员会）和欧洲议会确定了各自的立场后，与欧盟委员会进入了“三方会谈”，谈判目的是达成协议并通过最后法案。谈判代表们经过18次三方会谈会议和近2年的时间才达成最终共识。

经过法律审查及欧盟委员会官方语言翻译后，该法规于2018年6月发表在欧盟官方期刊上。新的有机产品监管基础法规将于2021年1月1日起正式实施。

法规文案使用“基础法规”字样，意味着该法规仍存在许多细节须以实施条例的形式进一步拟订和通过。此次实施条例的制定始于2018年6月，最迟应于2020年6月完成，比新有机产品监管基础法规的实际实施早6个月。

4.1.2 有机产品管理和认证的变化①

新法规中的有机食品管理规定与2017年发布的《食品及饲料管理总则》内容契合。此外，新法规中详细规定了有机产品生产的具体管理要求。

有机产品团体认证是一个重要的革新，目前只允许对发展中国家的小型经营者进行该认证（按照经济合作与发展组织的界定要求②）。新法规正式实施后，有机产品团体认证可在世界各地（包括欧盟）实施。有机产品团体认证意味着一定数量的小农户可以组织成一个团体，对单个团体进行认证。一个证书覆盖团体内的所有农户，他们可以依靠该团体来销售他们的认证产品。

另一个革新之处是，一年一度的有机年检不再是强制性的。该变革目前可应用于所有有机认证的农场。对于低风险的有机认证农场来说，两年一检比一年一检可以有效降低农场不必要的损失。该措施将以农场风险程度作为重要执行划分依据。

只销售预包装有机产品的零售商将不需要认证，只需要通过官方管理规定检查即可。此外，对于向最终消费者直接出售少量有机产品的农民，以及向最终消费者直接出售未包装的有机产品（饲料除外）的小规模经营者，成员国可以不对他们提出有机认证要求。

立法过程中针对“在有机产品上检测到不合规物质残留时应采取的行动”这一议题产生了激烈辩论。由于各成员国采取的措施不一致，尚未达成协议。目前，各成员国对该问题仍可按各自国家管理办法处理，成员国决定在2021年以后将再次对该问题进行深入探讨。

---

① 新的欧盟有机法规在各个方面均有变化，但本章节只描述了涉及管理和贸易的主要变化。

② 经合组织（ODA）发展援助委员会（DAC）名单，可查询http：//www.oecd.org/dac/financing-sustainable-development/development-finance-standards/daclist.htm。

4.1.3 关于有机产品进口的变化

新法规中，从欧盟以外地区进口有机产品将实行两种管理制度。

贸易协定：大多数与欧盟有等效协议的第三方国家将不得不通过正式贸易协定重新针对条款进行谈判。根据现行制度，有13个第三方国家与欧盟有单方面或双边等效协议，他们分别是：阿根廷、澳大利亚、加拿大、智利、哥斯达黎加、印度、以色列、日本、新西兰、韩国、瑞士、突尼斯及美国。

认证机构：如果没有贸易协定，欧盟委员会将创建一个具有公信力的管理机构（官方部门）名单，授权这些机构在第三方国家进行认证和管理。欧盟法规将在欧盟内部和外部以相同的方式执行。对于第三方国家使用的传统植物保护产品和肥料，认证和管理允许有一定的灵活性。

4.1.4 全球有机农业立法现状

IFOAM国际有机联盟（IFOAM-Organics International）和瑞士有机农业研究所（FiBL）收集的数据显示，截至2019年，全球已有68个国家全面实施了有机监管法规。18个国家制定了有机监管条例，但未全面执行，17个国家正在起草相关法规（表4-1）。

表4-1 2019年有机农业法规立法情况（按国家所在区域划分） （单位：国）

区 域	正在起草	全面实施	未全面实施	总 计
非 洲	6	1	3	10
亚 洲	8	8	9	25
欧 洲	2	37	3	42
拉丁美洲及加勒比海地区	1	16	3	20
北美洲		2		2
大洋洲		4		4
总 计	17	68	18	103

数据来源：IFOAM国际有机联盟调查

澳大利亚和新西兰已经全面实施了仅适用于出口的有机法规。自2018年以来，新西兰第一产业部（MPI）就关于是否以及如何规范国内市场的有机生产进行了多次磋商。

印度的实施情况比较复杂，印度全面实施的有机监管规定仅适用于出口，所以该国制定了一套同时适用于国内部门的新有机监管规定。新的有机监管法规已于2017年年底正式通过，2018年开始执行。目前，各项实施细则仍在制定中。因此，表4-2中对该国的有机立法分类备注为“仅适用于有机出口”。

参与式保障体系（PGS）是指在10个已全面实施的国家的有机农业法律框架内验证产品是否符合标准的体系。

48个国家采用区域标准。对于欧盟的28个国家来说，采用的是强制性区域法规——欧盟有机农业法规。其余20个国家，采用区域自愿性标准：东非有机产品标准（EAOPS）和太平洋有机认证（POS）。东非共同体于2007年4月通过了东非有机产品标准（EAOPS），该标准成为布隆迪、肯尼亚、卢旺达、坦桑尼亚和乌干达的官方（自愿）标准。太平洋有机认证（POS）已得到太平洋岛国15个成员国的农业及渔业部长会议审议通过，同时也为进一步制定区域政策提供了平台。新喀里多尼亚和法属波利尼西亚①正在制定关于执行太平洋有机认证（POS）的实施条例。

我们从各国官方政府和专家处了解到世界各地有机法规立法情况。根据受访者的反馈，将立法情况归类为“未完全实施”或“全面实施”两类，其中部分信息需要核实。“未完全实施”包括以下两种情况。

（1）部分最近才通过有机监管立法但未落实实施细则的国家（如白俄罗斯和乌克兰，新的有机监管法规将于2019年正式生效）。

（2）部分已经制定并通过了立法，但没有为法规实施提供必要资源保障的国家。

对于未收到信息反馈造成数据缺失的国家，我们在这里不做统计说明。

表4-2展示了各个国家有机农业立法的现状（划分为起草中、全面实施或未全面实施3类）并针对具体情况做了相应说明[例如，法规仅适用于出口、采用区域自愿性标准、采用强制性区域法规、认可参与式保障体系（PGS）认证]。

国际有机运动认可的有机标准被纳入IFOAM国际有机联盟系列标准。IFOAM国际有机联盟系列标准涵盖私人标准、国家标准和地区标准②。

---

① 法属波利尼西亚是法国的海外领地，可不需要遵守欧盟有机法规。

② 有关IFOAM有机保障体系的信息，请访问www.ifoam.org/ogs；关于IFOAM系列标准的信息，请访问https：//www.ifoam.bio/en/ifoam-family-standards-0。

表4-2 世界各国有机农业立法现状

地 区	国家/地区	立法现状	备 注
非 洲	阿尔及利亚	未全面实施	
	布隆迪		区域自愿性标准：东非有机产品标准（EAOPS）
	喀麦隆	起草中	
	埃及	起草中	
	埃塞俄比亚	未全面实施	
	肯尼亚		区域自愿性标准：东非有机产品标准（EAOPS）
	马达加斯加	起草中	
	毛里求斯	起草中	
	摩洛哥	未全面实施	
	卢旺达		区域自愿性标准：东非有机产品标准（EAOPS）
	南非	起草中	
	苏丹	起草中	
	坦桑尼亚		区域自愿性标准：东非有机产品标准（EAOPS）
	突尼斯	全面实施	
	乌干达		区域自愿性标准：东非有机产品标准（EAOPS）
亚 洲	亚美尼亚	未全面实施	
	阿塞拜疆	未全面实施	
	孟加拉国	起草中	
	不丹	起草中	
	柬埔寨	起草中	
	中国	全面实施	
	印度	全面实施	仅适用于有机出口
	印度尼西亚	全面实施	
	伊朗	未全面实施	
	以色列	全面实施	
	日本	全面实施	
	约旦	起草中	

（续表）

地　区	国家/地区	立法现状	备　注
亚　洲	哈萨克斯坦	未全面实施	
	吉尔吉斯斯坦	起草中	
	马来西亚	全面实施	
	蒙古国	未全面实施	
	尼泊尔	起草中	
	巴基斯坦	起草中	
	菲律宾	未全面实施	
	韩国	全面实施	
	沙特阿拉伯	未全面实施	
	斯里兰卡	起草中	
	中国台湾	未全面实施	
	塔吉克斯坦	未全面实施	
	阿拉伯联合酋长国	全面实施	
欧　洲	阿尔巴尼亚	全面实施	
	奥地利	全面实施	强制性区域法规：欧盟有机农业法规（EU Regulation）
	白俄罗斯	未全面实施	
	比利时	全面实施	强制性区域法规：欧盟有机农业法规（EU Regulation）
	波斯尼亚和黑塞哥维那	起草中	
	保加利亚	全面实施	强制性区域法规：欧盟有机农业法规（EU Regulation）
	克罗地亚	全面实施	强制性区域法规：欧盟有机农业法规（EU Regulation）
	塞浦路斯	全面实施	强制性区域法规：欧盟有机农业法规（EU Regulation）
	捷克	全面实施	强制性区域法规：欧盟有机农业法规（EU Regulation）
	丹麦	全面实施	强制性区域法规：欧盟有机农业法规（EU Regulation）
	爱沙尼亚	全面实施	强制性区域法规：欧盟有机农业法规（EU Regulation）
	芬兰	全面实施	强制性区域法规：欧盟有机农业法规（EU Regulation）
	法国	全面实施	强制性区域法规：欧盟有机农业法规（EU Regulation）
	格鲁吉亚	全面实施	

（续表）

地　区	国家/地区	立法现状	备　注
欧　洲	德国	全面实施	强制性区域法规：欧盟有机农业法规（EU Regulation）
	希腊	全面实施	强制性区域法规：欧盟有机农业法规（EU Regulation）
	匈牙利	全面实施	强制性区域法规：欧盟有机农业法规（EU Regulation）
	冰岛	全面实施	
	爱尔兰	全面实施	强制性区域法规：欧盟有机农业法规（EU Regulation）
	意大利	全面实施	强制性区域法规：欧盟有机农业法规（EU Regulation）
	科索沃	未全面实施	
	拉脱维亚	全面实施	强制性区域法规：欧盟有机农业法规（EU Regulation）
	列支敦士登	全面实施	
	立陶宛	全面实施	强制性区域法规：欧盟有机农业法规（EU Regulation）
	卢森堡	全面实施	强制性区域法规：欧盟有机农业法规（EU Regulation）
	马耳他	全面实施	强制性区域法规：欧盟有机农业法规（EU Regulation）
	黑山	全面实施	
	荷兰	全面实施	强制性区域法规：欧盟有机农业法规（EU Regulation）
	挪威	全面实施	
	波兰	全面实施	强制性区域法规：欧盟有机农业法规（EU Regulation）
	葡萄牙	全面实施	强制性区域法规：欧盟有机农业法规（EU Regulation）
	罗马尼亚	全面实施	强制性区域法规：欧盟有机农业法规（EU Regulation）
	俄罗斯	起草中	
	塞尔维亚	全面实施	
	斯洛伐克	全面实施	强制性区域法规：欧盟有机农业法规（EU Regulation）
	斯洛文尼亚	全面实施	强制性区域法规：欧盟有机农业法规（EU Regulation）
	西班牙	全面实施	强制性区域法规：欧盟有机农业法规（EU Regulation）
	瑞典	全面实施	强制性区域法规：欧盟有机农业法规（EU Regulation）
	瑞士	全面实施	
	土耳其	全面实施	
	乌克兰	未全面实施	
	英国	全面实施	强制性区域法规：欧盟有机农业法规（EU Regulation）

（续表）

地　区	国家/地区	立法现状	备　注
拉丁美洲和加勒比海地区	安提瓜和巴布达		
	阿根廷	全面实施	
	玻利维亚	全面实施	参与式保障体系（PGS）认证
	巴西	全面实施	参与式保障体系（PGS）认证
	智利	全面实施	参与式保障体系（PGS）认证
	哥伦比亚	全面实施	
	哥斯达黎加	全面实施	参与式保障体系（PGS）认证
	古巴	未全面实施	
	多米尼加	全面实施	
	厄瓜多尔	全面实施	参与式保障体系（PGS）认证
	萨尔瓦多	未全面实施	
	危地马拉	全面实施	
	洪都拉斯	全面实施	
	墨西哥	全面实施	参与式保障体系（PGS）认证
	尼加拉瓜	全面实施	
	巴拿马	全面实施	
	巴拉圭	全面实施	参与式保障体系（PGS）认证
	秘鲁	全面实施	
	圣卢西亚	起草中	
	乌拉圭	全面实施	参与式保障体系（PGS）认证
	委内瑞拉	未全面实施	
北美洲	加拿大	全面实施	
	美国	全面实施	
大洋洲	澳大利亚	全面实施	仅适用于有机出口
	斐济		区域自愿性标准：太平洋有机认证（POS）
	法属波利尼西亚	全面实施	区域自愿性标准：太平洋有机认证（POS）；参与式保障体系（PGS）认证

（续表）

地 区	国家/地区	立法现状	备 注
大洋洲	基里巴斯		区域自愿性标准：太平洋有机认证（POS）
	马绍尔群岛		区域自愿性标准：太平洋有机认证（POS）
	密克罗尼西亚		区域自愿性标准：太平洋有机认证（POS）
	瑙鲁		区域自愿性标准：太平洋有机认证（POS）
	新喀里多尼亚	全面实施	区域自愿性标准：太平洋有机认证（POS）；参与式保障体系（PGS）认证
	新西兰	全面实施	仅适用于有机出口
	纽埃		区域自愿性标准：太平洋有机认证（POS）
	帕劳		区域自愿性标准：太平洋有机认证（POS）
	巴布亚新几内亚		区域自愿性标准：太平洋有机认证（POS）
	萨摩亚		区域自愿性标准：太平洋有机认证（POS）
	所罗门群岛		区域自愿性标准：太平洋有机认证（POS）
	汤加		区域自愿性标准：太平洋有机认证（POS）
	图瓦卢		区域自愿性标准：太平洋有机认证（POS）
	瓦努阿图		区域自愿性标准：太平洋有机认证（POS）

数据来源：IFOAM国际有机联盟

4.1.5 协调与对等的“有机产品等效协议追踪系统”

2019年，IFOAM国际有机联盟推出了“有机产品等效协议追踪系统”，它是一个在线的全球名单，列出了各国政府与其贸易伙伴国之间签订的有机产品等效协议。

等效协议规定了国家之间进行有机产品贸易时所采用的有机法规。等效协议的主要作用是认可出口国对有机产品的认定与进口国对有机产品的要求是相同的。等效协议分为以下两类。

单边等效协议：一个国家决定另一个国家的有机法规是否与本国等同，但没有对等。

双边等效协议：彼此法规互惠对等。

2002年以来，IFOAM国际有机联盟与联合国粮食及农业组织（FAO）、联合国贸易和发展会议（UNCTAD）合作，通过各种国际活动和项目[①]，促进有机农业的协调、对等发展。同时，围绕这一主题搭建了包括政府和私营部门在内的网络平台，提高了该问题的关注度，有效促进了贸易便利化。通过对过去几十年等效协议的追踪，我们现在将这些信息整合公布，为对有机产品贸易感兴趣的政府、贸易商、研究人员和政策倡导者提供相关信息参考。

“有机产品等效协议追踪系统”是一个互动列表，列出了所有参与单边和双边安排的国家。目前共有17个国家及地区条目：包括16个国家及欧盟（EU），欧盟条目涵盖所有36个欧洲认证合作组织[②]的正式成员。追踪系统中还包括国家之间的贸易便利化措施信息，这些国家通常并没有签订等效协议，但是有相应的贸易便利条款。例如，对于部分以出口美国为目的的贸易伙伴国，如果他们在其国内对美国国家有机计划（NOP）认证进行有效监督管理，美国是允许他们的有机产品进口的。有机产品等效协议追踪系统请访问https：//www.ifoam.bio/en/organic-equivalence-tracker。

“有机产品等效协议追踪系统”是一个日常搜索工具，IFOAM国际有机联盟政策保障团队负责系统信息的持续更新。同时，我们期待更多行业专家的补充信息，如果您愿意与我们分享，请联系Joelle Katto-Andrighetto（邮箱：j.katto@ifoam.bio）。

4.2 有机农业内部控制系统的意义、机遇和挑战[③]

4.2.1 团体认证的重要性

近期，关于“团体认证：有机农业内部控制系统的意义、机遇和挑战”的研究中，FiBL和IFOAM国际有机联盟调查了现阶段不同国家和地区团体认证的规模和范围（Meinshausen等，2019）[④]。根据FiBL的估算，世界上约80%的有机生产者是中低收入国家的小农户，对他们而言，个体有机认证的价格昂贵，而且管理上过于复杂，因

---

① 特别值得关注的是后续项目，国际有机农业协调、对等发展专项项目（2003—2008年）和全球有机市场准入项目（2009—2012年）。

② 关于欧洲认证合作组织的更多信息，请访问https：//european-accreditation.org/。

③ 本章节作者：Florentine Meinshausen、Toralf Richter、Beate Huber和Johan Blockeel；翻译和作图：中国农业大学经济管理学院博士生导师、国家农业农村发展研究院研究员王玉斌，中国农业大学经济管理学院博士研究生吴曰程。

④ FiBL研究报告《有机农业中的集体认证内部控制系统的意义、机遇和挑战》，下载于https：//orgprints.org/35159。

此，一条可行的途径是通过团体认证的方式成为有机生产农户。该认证体系中的农民团体通过实施内部控制系统（ICS），并由第三方认证机构进行认证，评估ICS的性能并对代表性的组成员执行抽查。

在过去的20年中，IFOAM国际有机联盟率先提出基于ICS的组认证方法，并逐渐被包括欧盟和美国国家/地区有机认定程序在内的有机部门采用。团体认证不仅降低了认证的成本和复杂性，而且兼具其他重要的经济和社会效益，是低收入国家小农户进入认证产品国际市场的唯一途径。

4.2.2 团体认证的全球规模

目前尚无有关ICS认证生产者团体的官方统计数据。相关的数据库和经认证的运营商列表大多没有明确标识生产者团体，也没有明确标识其中的生产者数量，因此，必须使用不同的数据源和推断来整理有关ICS组范围和分布的数据（图4-1和表4-3）。这些估算表明，在58个国家（主要在非洲、亚洲和拉丁美洲）的5 900个ICS小组中组织了大约260万个有机生产农户，覆盖了大约450万公顷经认证的有机土地。

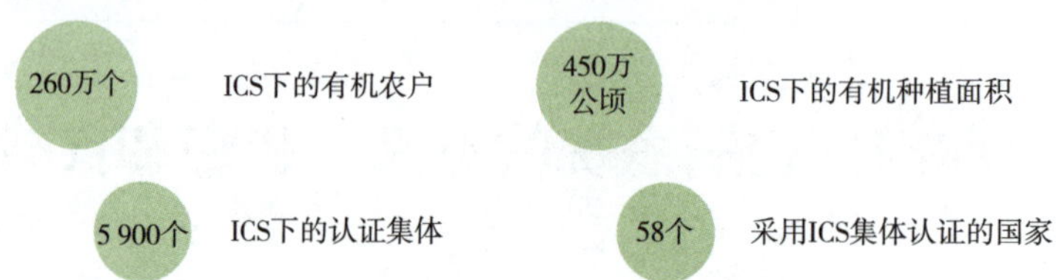

图4-1 全球有机团体认证情况预估

数据来源：FiBL和IFOAM国际有机联盟

表4-3 主要地区有机团体认证预估情况

区　域	团体认证数量	认证面积
拉丁美洲	1 400个集体，35万个团体认证有机农户	95万公顷
非　洲	450个集体，85万个团体认证农户	130万公顷
亚　洲	4 000个集体，140万个团体认证农户	220万公顷

数据来源：FiBL和IFOAM国际有机联盟

通过ICS团体认证的生产者的主要销售产品是咖啡和可可，但也提供了其他多种商品（图4-2）。不同国家/地区之间团体认证的规模可能会有很大差异。现阶段，最大的农场集体在非洲，且超过1万名农民的农场并不少见，农场的种植规模通常为1～4公顷，但具体情况因地制宜，且有许多集体农场还是中型或大型农场。

图4-2　有机农户团体认证的主要种植产品

数据来源：FiBL和IFOAM国际有机联盟

4.2.3　需要协调和加强团体认证要求

对部分股东调查和FiBL研究框架内的专家访谈结果表明，有机团体认证的大多数要素是“重要”或“非常重要”，并且通常以“良好”或“非常良好”来执行。访谈同时强调团体认证还存在各种挑战，并认为需要在某些领域提供更多指导或指定更严格的标准，以确保要求应用的一致性，正如新的欧盟有机生产（EU）2018/848法规（2018年发布并将于2021年生效）将允许对包括欧盟在内的世界任何地方的小型农场进行团体认证。

FiBL研究进一步得出结论，有机法规有必要将“团体认证”定义为一个针对认证机构的特定控制程序和能力要求的独立“范围”。这将加强认证机构和主管当局的监督，并有助于实现透明度和报告团体认证数据。同时，研究还对以下方面提供更明确的指导。

生产团体的规模：由于团体可能非常庞大（有可能超过10 000个农场），因此有必要明确认证团体的最大规模和（或）如何将大型团体组织成同一类别的规定，以及有关外部控制的相关抽样规则。

团体内成员农场的规模：应更详细地定义农场规模以及在不同团体中控制中型和大型农场的途径，以统一认证机构之间的检查程序。

农场扩展和功能创建：关于如何在实践中实施有机原则的培训对于团体通过认证且保持合规至关重要，应制定明确的规定将其作为团体认证过程的一部分。同时，应考虑指派同一位外勤人员进行内部检查并提供咨询、培训服务，这将促进团体功能创建，尤其是对于ICS预算非常有限的团队内部。

农场数据：可靠的基本农场数据必不可少，尤其是农地的大小和位置以及作物数据，以便对生产进行监控。这些数据的收集对于一些小集体而言是一项重大挑战。因此，提供适当的数字工具和培训将有助于改善数据管理（可以从其他标准，如雨林的实践中学到这方面的有用经验）。同样重要的是，应使为ICS收集的数据对农民和团体而言更有用和更相关，以便团体将收集数据视为有益行为，而不仅仅是认证的硬性要求。

团体的外部控制：需要附加更明确的指导和规则，以确保团体认证标准的一致性实施。特别应建立审核的协议和规则，以确保彻底完成相对较少的外部农场检查。一种保证机制是通过引入明确的指标，例如每天的最大审核次数（类比其他可持续性标准）。这将在认证者之间创建一个公平的竞争环境，从而防止认证成本的削减，影响认证质量。同时，还需要制定更多关于不合格认证的制裁和处理，以协调控制标准的应用。

4.2.4 团体认证的国际规则正在改变

2018年发布的欧盟有机法规（EU）2018/848（基本法）指出，认证种植者团体的基本规则将从2021年开始适用于欧盟和全球范围内的所有有机“经营者团体”。

欧盟饶有兴趣地接受了FiBL发现和建议。IFOAM国际有机联盟在国际上领导了一个强化团体认证要求的项目，并与IFOAM EU通力合作，共同制定了有利于团体认证的新要求。现阶段，欧盟委员会和成员国正在制定二级立法，除欧盟有机法规（EU）2018/848（基本法）要求外，还将重新定义团体认证的规则。

有关规则的细节尚未最终确定，但是可以预料到团体认证的规则和条件将会发生一些根本性的变化。每个集体的农场数量将规定最高额度，并且外部控制率将更高。只有符合规模限制并在单独的法律实体中组织的有机农场才有可能被认证为“经营者团体”，这将影响所有加工商/出口商主导的集体，而且还会影响到联邦合作社以及存在非有机或更大有机农场成员的合作社。同时，内部控制系统的要求和控制程序也将被更详细地规定。

根据IFOAM国际有机联盟的分析，一些提议的更改将有助于提高团体认证的透明度和质量。然而，人们也普遍担心，新的法律要求将对全世界数以百万计的小农户产生重大的负面影响，他们的稀缺资源不再是急需的农民培训和支持，而是昂贵的法律注册和管理程序费用以及更高的外部控制成本。新要求将与其他有机法规和自愿认证程序有很大不同，因此实施将会造成混乱和不一致性。

4.3 2019年参与式保障体系[①]

参与式保障体系（PGS）是以“当地”为重点的质量保障体系。PGS基于当地利益相关者的积极参与度对生产农户进行评估，并建立在信任、社会网络和知识共享的基础之上（IFOAM定义，2008[②]）。PGS尤其适用于小规模农户和当地市场。2004年，IFOAM国际有机联盟与拉丁美洲农业生态运动（MAELA）合作，在巴西托雷斯举办了第一次替代认证国际研讨会，汇集了来自各大洲的计划，讨论不同方法之间的共同点以及替代认证系统背后的需求。此次研讨会的一项重要成果是“参与式保障体系”作为一个概念诞生，并成立了一个关于PGS的国际工作队，即现在的IFOAM国际有机联盟PGS常设委员会。自2004年以来，全球范围内PGS提案以及参与其中的生产者数量日益增加，它们目前在许多国家成为有机农业完善保障体系的代表。2019年，10个国家和地区已将PGS作为一种保障体系来确保产品有机质量达到国家一级水平[③]。

IFOAM国际有机联盟是唯一一个在全球范围内收集PGS相关数据的组织。截至2019年10月，PGS数据库中记录了76个国家的223个PGS项目，有567 142名生产者参与并有496 104名生产者获得了认证。

4.3.1 全球经PGS认证的生产商发展情况

2010—2019年全球经PGS认证的生产商发展情况见图4-3。

---

① 本章节作者：Joelle Katto-Andrighetto、Cornelia Kirchner、Flávia Moura e Castro和Federica Varini；翻译和作图：中国农业大学经济管理学院博士生导师、国家农业农村发展研究院研究员王玉斌，中国农业大学经济管理学院博士研究生刘议蔚。

② 更多关于IFOAM有机农业定义可在IFOAM官网查询，请登录https：//www.ifoam.bio/en/organic-landmarks/definition-organic-agricultur。登录https：//www.ifoam.bio/en/organic-policy-guarantee/participatory-guarantee-systems-pgs可查找PGS的定义。

③ 这10个国家和地区是玻利维亚、巴西、智利、哥斯达黎加、厄瓜多尔、墨西哥、巴拉圭、乌拉圭、法属波利尼西亚和新喀里多尼亚。有些正在起草条例的国家或最近核准条例尚未充分执行的国家也考虑到了PGS的承认问题，但在本书中没有考虑进来，例如印度和蒙古国就是如此。

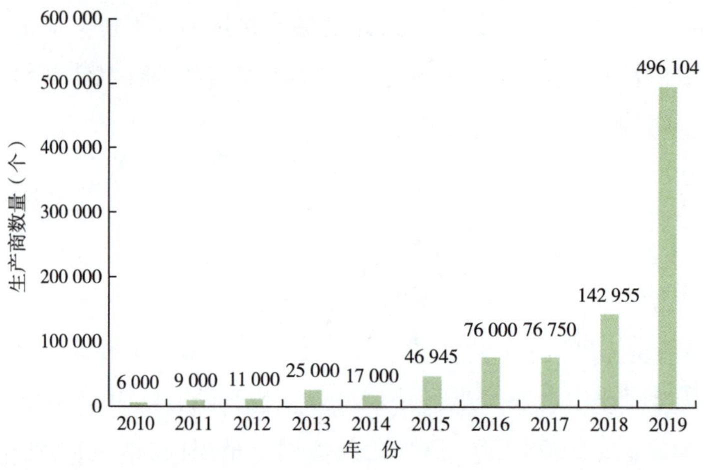

图4-3 2010—2019年全球经PGS认证的生产商发展情况

数据来源：2019年IFOAM国际有机联盟

目前印度拥有最多参与PGS的生产者，根据印度农业和农民福利部门的数据，共有509 351名生产者参与了PGS。其中至少有471 007名是认证生产商，与2018年认证生产商的数量相比，增长了316.5%。他们总共种植了371 276公顷的经PGS认证的土地。在世界范围内，除印度外仅有8个国家拥有超过1 000名经PGS认证的生产商，分别是巴西（6 309名）、泰国（2 110名）、乌干达（2 044名）、秘鲁（1 790名）、玻利维亚（1 287名）、瓦努阿图（1 284名）、法国（1 144名）和斐济（1 111名）。

4.3.2 各区域发展情况

4.3.2.1 亚 洲

亚洲拥有最多的PGS生产者，至少有521 381名生产者参与其中，其中475 663名获得PGS认证（与2018年相比增加了311.6%）。这种发展与过去几年PGS在全亚洲的扩展自然密不可分，但其中最主要原因在于印度农民大量参与通过政府发起的、印度国家有机农业中心（NCOF）①执行的PGS计划。除印度外，菲律宾（2 440名）和韩国（2 000名）成为亚洲参与PGS的生产者人数最多的两个国家。就获得认证的生产者而言，泰国（2 110名）在该地区排名第二，仅次于印度。此外，相比其他区域，亚洲也是目前开发PGS计划数量位居第二的地区（35项）。

① 印度PGS认证的生产者和认证有机土地的数量在其国家PGS平台上不断更新，请查询https：//www.pgsindia-ncof.gov.in/。

4.3.2.2 拉丁美洲和中美洲

拉丁美洲和中美洲一共有22 147名生产者加入PGS，其中11 058名获得认证（与2018年相比降低了39.3%），拉丁美洲和中美洲是实施PGS计划数量最多的地区，总共有81个（与2018年相比增长了8%）。巴西（26个）最多，其次是智利（14个），且后者在2017—2018年实现了超过114.3%的数量增长。

玻利维亚获得认证和参与的生产者人数分别减少了84.2%和72.1%。这一减少可能与过去两年来PGS计划面临的困难有关，为了获得或延长它们在主管当局（SENASAG）的正式承认，他们必须满足要求并支付费用。

巴西2018年是该区域获得认证生产者人数最多的国家（6 309名）。2019年，巴西和智利实施了该地区第一个关于有机生产的双边等价协议。这是巴西签署的第一份双边等价协议，也是世界上第一份不受限制地承认第三方和PGS作为有机认证保障体系的协议。

实施了15年PGS的秘鲁认证生产商数量居该区域第二（至少有1 790名生产者获得认证）。2019年，政府启动了一项关于有机认证监管的公共协商，该协商决定承认并监管PGS。在2019年5月举行的国家PGS会议期间，各PGS利益相关方聚集一堂，讨论了拟议的条例，并商定了一系列修正案，然后提交给主管当局SENASA，并得到IFOAM国际有机联盟的支持。该法令预计在2020年初发布。

4.3.2.3 非　洲

据估计，在非洲有16 353名生产者，其中4 188名已得到认证。该区域2018年有9项PGS计划正在制定，17项正在实施，与2017年和前几年的报告数据相比存在明显下滑。原因在于有不少PGS计划合并后归属在少量PGS项目组下（此前的数据中被单独作为PGS计划），特别是东非，在那里国家有机农业运动作为国家PGS团体的监督机构运作。

几个新的西非国家出现在2019年的调查中。在加纳、多哥、圣多美和普林西比，PGS计划也由于有机市场促进发展项目（OM4D）[①]的支持而开始正式化，该项目的目标之一是建立和促进PGS作为国内市场第三方认证负担得起的替代办法，将生产者与当地消费者直接连接起来。

---

① 这个项目由荷兰外交部资助，了解更多可访问https：//www.ifoam.bio/en/OM4D。

4.3.2.4 大洋洲

在大洋洲，至少有3 462名生产者参与，其中9 912名获得了认证，与2018年相比增加了10.6%。其中主要的原因是瓦努拉图对PGS的发展，该国家拥有该地区最多的PGS认证生产者（1 284名），其次是斐济（1 111名）。

4.3.2.5 北美洲

由于不利的立法框架，PGS计划在北美洲的实施不太普遍，在北美洲，这些数字多年来趋于稳定。在美国有一个独立的PGS①，他们为那些在生产社区所需农产品的过程中遵循与自然和谐相处方式，而不是依赖合成化学品或转基因生物的农民和养蜂人提供认证。美国和加拿大有超过655名农民和养蜂人通过这一系统获得认证。

4.3.2.6 欧　洲

欧洲的情况与2018年相较有所增加，一共有2 032名生产者参加，大多数位于法国，其中1 144名是认证生产者（与2017年相比增加了14.7%）。在欧洲国家，有机PGS认证的生产商大多数也有第三方认证，因此可以进入官方有机市场。目前，至少有10个国家提出了至少30项PGS计划。在西班牙和法国，不同的PGS计划正在朝着建立正式的国家级系统方向发展。尽管这两个国家背景不同，但在建立这种网络的推动力都来源于对加强相互支持、分享知识和产品以及强化PGS在地方和国家层面宣传等方面的愿望。

得益于欧洲第一个关于PGS的跨国项目——EATING RAFT项目②的实施，几个新欧洲国家在致力于CSA③的地方民间社会组织的领导下，尝试在2019年建立PGS计划（捷克、匈牙利和希腊）。

4.3.3 关于数据的一般性说明

每两年IFOAM国际有机联盟就会进行一次全球PGS调查。上次调查于2019年进行，因此，大多数PGS的数据来自2019年10月。其他的数据通过与PGS计划、主管当局和PGS专家的双边沟通进行收集。如果未收集到新数据，则使用上一年或更早的数据，

---

① 要了解更多有关这一举措的信息，请访问https：//www.cngfarming.org/。

② EATing RAFT由欧洲联盟根据Erasmus方案提供资金，了解更多请访问https：//www.ifoam.bio/en/eatingcraft-education-towards-creation-alternative-food-networks。

③ CSA：社区支持的农业是一种将生产者和消费者联系起来的系统，它允许消费者订购某一农场或一组农场的收成。

除非几年内数据都没有更新。在这种情况下，计划可能不再有效并被排除在当前统计数据之外。当PGS根据国家有机法规得到承认时，则使用由主管当局收集和公布的数据，巴西[①]、智利[②]、玻利维亚[③]、哥斯达黎加[④]、墨西哥[⑤]和印度[⑥]就属于这种情况。

4.3.4 关于PGS计划

PGS计划是指界定、选择、采用一套有机农业共同标准、一套共同程序（例如描述这些程序的通用手册）和协调机构（如秘书处、协会等）的实体或组织。其中的协调机构应对来自区域或下属组织、当地团体或直接来自个体农民的数据进行概述。PGS计划通常还会使用一个通用标签将其农民的产品标识为有机产品，例如国家/地区有机标识。

PGS计划可以由一个单一的当地小组组成，特别是在发展的初始阶段。尽管PGS计划通常由多个当地团体组成，但是在PGS计划中，PGS生产者也可能基于地理邻近或技术专长而共同工作，并不形成当地团体。

建立PGS是一个漫长的过程，需要两年或更长时间才能使相关生产者获得完全认证。在我们的数据收集中区分了两种情况：①执行中的PGS。PGS正在实施其认证系统以对其生产者进行认证，并至少向一名农民发放了证书。②开发中的PGS。PGS正在开发认证系统以认证其生产者，并且尚未颁发任何证书。

对于一个PGS计划而言，生产者分为以下两类：①参与生产者。参与PGS的农民和加工者，无论是通过认证还是尚未获得认证，包括那些正在转换过程中并期望在不久的将来获得PGS证书的农民和加工者。②经认证的生产者。经PGS验证并已获得PGS证书

---

① Ministério da Agricultura，Pecuária e Abastecimento，Brasil：Cadastro Nacional de Produtores Orgânicos. 获取更多信息请登录http：//www.agricultura.gov.br/assuntos/sustentabilidade/organicos/cadastro-nacional-produtores-organicos。

② Servicio Agrícola y Ganadero，Chile：Certificación de Productos orgánicos. 获取更多信息请登录http：//www.sag.cl/ambitos-de-accion/certificacion-de-productos-organicos/132/registros。

③ 于2016年与Consejo Nacional de Producción Ecológica（UC-CNAPE）通过电子邮件交流信息。

④ Servicio Fitosanitario del Estado，MAG，Costa Rica：Lista Oficial de Grupos en Certificación Participativa. 获取更多信息请登录https：//www.sfe.go.cr/DocsARAO/Lista_inscritos_Certificacion_Participativa.pdf。

⑤ Servicio Nacional de Sanidad，Inocuidad y Calidad Agroalimentaria，Mexico：Padrón de Organismos de Certificación Participativa de productos orgánicos a pequeños productores y producción familiar. 获取更多信息请登录https：//www.gob.mx/senasica/documentos/padron-de-organismos-reconocidos-para-otorgar-certificacion-participativa-de-productos-organicos-a-pequenos-productores。

⑥ 印度农业与合作部，印度参与性保障制度，了解更多请登录http：//pgsindia-ncof.gov.in。

或认证证明的农民和加工者，他们被批准为PGS计划中一个小组的一部分。

2018—2019年全球PGS统计数据见表4-4。

表4-4 2018—2019年全球PGS统计

地 区	获得认证的生产者		参与的生产者		PGS计划		12月PGS		2019年PGS认证土地（公顷）
	2018年	2019年	2018年	2019年	2018年	2019年	2018年	2019年	
非 洲	4 650	4 188	17 795	16 353	33	17	25	9	1 112
亚 洲	115 549	475 663	342 799	521 381	29	35	38	26	378 478
欧 洲	1 127	1 612	1 394	2 032	6	18	7	12	1 700
拉丁美洲	18 220	11 058	23 418	22 147	75	81	15	7	9 096
北美洲	776	671	1 767	1 767	2	2	0	0	8 440
大洋洲	2 633	2 912	3 905	3 462	11	13	4	3	7 214
全球总计	142 955	496 104	391 078	567 142	156	166	89	57	406 040

数据来源：IFOAM国际有机联盟

4.4 德米特国际的最新统计①

德米特国际（Demeter International）是唯一一个在全球范围内建立了个人认证组织网络的生态协会。1997年，为了在法律、经济和精神领域进行更紧密的合作，德米特国际成立。目前，德米特国际有来自欧洲、美洲、非洲、新西兰和印度的19名成员及4名客座成员。因此，德米特国际代表了来自63个国家拥有超过20万公顷土地的5 900多个德米特农民（2019年6月）。

德米特国际是一个非营利组织，其成员组织本着民主原则的国际联盟精神共同合作。为了成为一名会员，必须有一个有效的德米特认证项目。支持德米特国际目标的协会可被选为相关成员。德米特的基础是生物动力学农业方法，它是由鲁道夫·斯坦纳于1924年在科波威兹所教授的《农业课程》中提出的，并在实践和研究中得到了进一步的发展。

① 本章节作者：Christoph Simpfendörfer、Sarah Fischer，德米特国际（斯图加特办公，德国斯图加特商业街82号，70771，www.demeter.net）；翻译和作图：中国农业大学经济管理学院博士生导师、国家农业农村发展研究院研究员王玉斌，中国农业大学经济管理学院博士研究生李婕。

德米特国际的主要任务有：①制定及批准德米特生产和加工的国际标准是德米特产品全球贸易的最低要求；②德米特商标的国际注册与保护；③在不拥有德米特组织的国家，为单一农场/运作机构签发证书；④在全球范围内协调德米特认证计划；⑤致力于在相关国际机构中促进公众对生物动力学方法的理解和接受；⑥支持在没有自主生物动力协会和德米特组织的地方建立自主的生物动力协会和德米特组织。

德米特见证了认证农场在过去的几十年的持续增长。21世纪以来，全球德米特农场的数量增加了约2 500个，在2018年达到近5 400个，认证面积几乎翻了一番（图4-4和图4-5）。德国是认证面积最大、生产者数量最多的国家。截至2019年6月，德米特国际在各成员国及其他国家的德米特认证操作见表4-5和表4-6。

最新的发展揭示出对德米特认证的浓厚兴趣。由于近年来的增长，超过20万公顷的土地（2019年6月）现在处于生物动力的管理之下，并获得了德米特认证。例如，德米特香蕉目前是一个非常活跃的行业。由于转变的巨大兴趣和新创建的分销渠道，大面积的土地已转化为生物动力栽培。

生物动力葡萄栽培也变得越来越重要。目前，欧洲约有760家酒庄通过了德米特认证，其中以法国为首，拥有375家德米特认证酒庄。令人欣慰的是，一家酒庄在列支敦士登和丹麦都获得了认证。在国际上，德米特葡萄酒主要来自智利和阿根廷。总的来说，大约有15 000公顷的德米特认证区域是生物动力葡萄园（表4-7）。

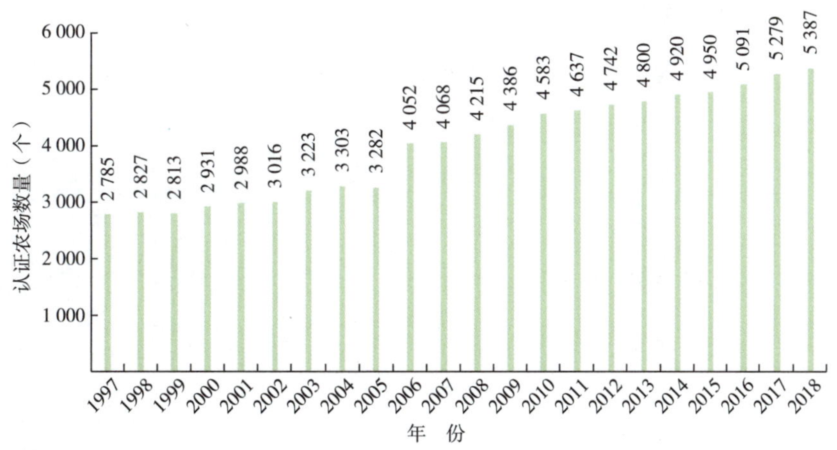

图4-4　1997—2018年德米特全球认证农场数量的发展

数据来源：德米特国际，2019年

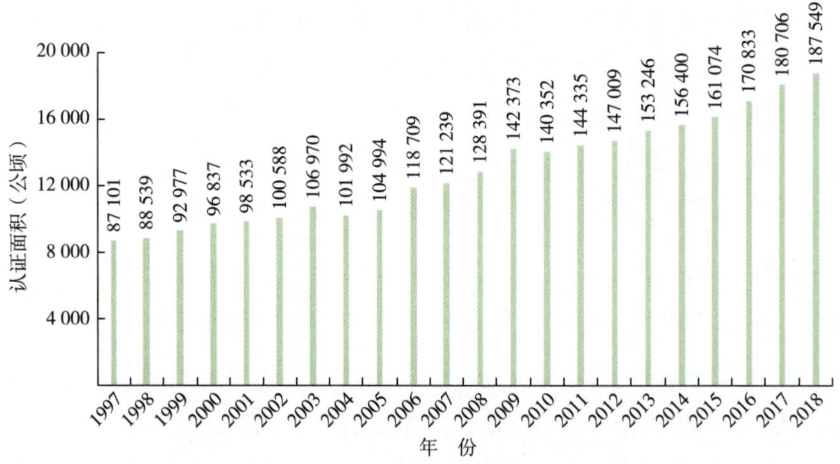

图4-5　1997—2018年德米特全球认证农地面积的发展

数据来源：德米特国际，2019年

表4-5　截至2019年6月德米特国际在各成员国的德米特认证操作

国家/地区	面积（公顷）	农场（个）	加工者（个）	分销商（个）
奥地利	7 164	231	43	0
巴　西	3 388	30	31	3
丹　麦	2 998	43	11	14
埃　及	2 610	87	7	0
芬　兰	384	17	3	3
法　国	14 629	606	83	56
德　国	84 426	1 579	401	181
英　国	3 886	100	44	9
印　度	9 303	39	4	0
意大利	10 355	362	77	56
卢森堡	536	8	2	0
荷　兰	8 681	148	45	37
新西兰	928	15	0	0
挪　威	548	20	0	0
斯洛文尼亚	238	31	2	1
西班牙	7 743	275	0	16

（续表）

国家/地区	面积（公顷）	农场（个）	加工者（个）	分销商（个）
瑞　典	873	17	6	6
瑞　士	5 070	297	79	60
美　国	9 001	118	88	36
合　计	172 761	4 023	926	478

数据来源：德米特国际

表4-6　截至2019年6月其他国家的德米特认证操作

国家/地区	面积（公顷）	农场（个）	加工者（个）	分销商（个）
阿根廷	1 187	38	6	1
比利时	143	8	4	1
保加利亚	0	0	0	1
智　利	1 474	23	0	3
中　国	108	7	1	1
哥伦比亚	106	1	0	0
哥斯达黎加	11	2	0	1
克罗地亚	68	1	0	0
捷　克	3 537	5	0	1
多米尼加	1 410	14	1	1
厄瓜多尔	512	3	1	1
埃塞俄比亚	32	1	0	0
希　腊	381	26	5	1
几内亚比绍	694	1	0	0
洪都拉斯	72	1	0	0
匈牙利	6 371	27	1	2
伊　朗	72	1	0	0
爱尔兰	93	7	0	0
以色列	106	1	1	0
日　本	0	0	0	3

（续表）

国家/地区	面积（公顷）	农场（个）	加工者（个）	分销商（个）
科威特	0	0	0	1
列支敦斯登	3	1	0	0
立陶宛	1 389	11	0	1
马来西亚	0	0	0	3
墨西哥	304	6	0	1
摩洛哥	27	1	0	0
尼泊尔	118	96	0	0
巴拉圭	996	52	0	0
秘　鲁	307	8	1	1
波　兰	4 261	17	0	0
葡萄牙	574	11	1	1
罗马尼亚	200	2	0	0
塞尔维亚	35	2	1	0
西西里岛	426	25	2	1
斯洛伐克	169	1	0	0
南　非	245	24	0	1
斯里兰卡	1 479	1 204	1	0
突尼斯	699	112	1	0
土耳其	1 148	153	1	2
乌干达	527	2	0	0
阿拉伯联合酋长国	0	0	0	1
越　南	0	0	1	1
合　计	29 284	1 895	29	31
在德米特国际成员国及其他国家的总认证操作	202 045	5 918	955	509

数据来源：德米特国际

表4-7 德米特在全球认证的葡萄酒商和葡萄产区

类型	国家/地区	生产酿酒葡萄的农场数量（个）	无自有土地的认证酒窖/酒庄的数量（个）	认证酿酒葡萄的生产面积（公顷）
德米特国际成员授权	奥地利	62	4	686
	丹麦	1		1
	法国	375		6 363
	德国	69（完全认证）		620
	意大利	132	7	1 544
	列支敦斯登	1		2
	新西兰	6		108
	斯洛文尼亚	11		92
	西班牙	53	1	2 126
	瑞士	55		340
	英国	9	2	53
	美国	58		1 314
德米特国际授权	阿根廷	11	1	288
	智利	20		1 012
	捷克	1		53
	希腊	2		5
	匈牙利	6		32
	墨西哥	1		6
	葡萄牙	1		3
	南非	4		75
	合计（由德米特国际和德米特国际成员认证）	809	15	14 724

数据来源：德米特国际

4.5 有机农业成为喜马拉雅地区的发展主流——不丹、印度和尼泊尔的政策背景①

4.5.1 有机农业是维持山区生计的有效途径

在广大的不丹、尼泊尔和印度喜马拉雅地区，传统农业仍然是主流。由于交通不便、边缘化特性和景观特征，绿色革命的破坏性影响仍很小，农业生态系统未受到显著的影响。山区农业生态系统的需求与工业化农业的规则之间存在明显的不相容。山区农业是一个综合、整体的系统，它由丰富的本土资源培育而成，并受农民的传统知识及其适应环境困难的能力影响。

在过去的10年中，不丹、尼泊尔和印度的决策者逐渐认识到向可持续农业体系过渡的必要性，以保护其自然资源并改善农村人口的生计。不同国家（地区）的政治承诺的执行力度也各不相同，其中包括为支持有机农业措施而特设的政策和计划。这些政策和计划有专门的预算专款，以提供相关的干预措施，其收益范围涵盖从减轻贫困到可持续管理等方面。

4.5.1.1 不　丹

不丹一直在为成为环境可持续性的世界领导者而努力。如今，它是世界上唯一的负碳国家，这要归功于其宪法规定了对森林覆盖率的保护。自10年前，此愿景就为不丹的有机农业提供了政治支持，2006年不丹启动了《不丹国家有机农业框架》（NFOFB）。如该政策框架所预见的，国家有机计划（NOP）成立于2008年。NOP在农业和森林部（MoAF）内设有专职的国家协调员和专门机构，可以确保监督和战略远见，并制定和实施有关支持粮食安全的行动和有机耕作相关计划。

2012年，不丹宣称到2020年将成为100%的有机国家。除了保护环境外，政府的目标还包含制定战略以改善本国农民（默认此类农民大多为有机农业从业者）的经济状况，并且相比全球范围内其他国家的人造投入物的应用率更低，以支持它们的产品进入国际有机市场，同时使可持续旅游业更加强劲。

从那时起，将不丹变成有机国家的目标得到了多个不同而全面政策和计划的支

① 本章节作者：Federica Varini；翻译和作图：中国农业大学经济管理学院博士生导师、国家农业农村发展研究院研究员王玉斌，中国农业大学经济管理学院博士研究生姜昊辰。更多信息请参考*The Mainstreaming of Organic Agriculture and Agroecology in the Himalaya Region*. Policy Contexts in Bhutan, India and Nepal. 2019. IFOAM - Organics International and World Future Council. Germany。

持。2018年，不丹拥有超过6 000公顷有机农业土地，占农业土地总面积的1.3%和耕地面积的6.6%。

然而，尽管不丹政府具有开创性的远见，国际山区综合开发中心（ICIMOD）应MOAF的要求进行了最近的评估，得出的结论是不丹到2020年将无法实现100%有机的目标（ICIMOD和MOAF，2018）。该评估表明自设定100%有机的目标以来，不丹政府不断地降低对有机食品的支持，而将重点放在了保障粮食安全上。从有机项目的预算拨款与2014—2017年农业和森林部总预算相比逐渐减少的趋势可以明显看出这一点。

不丹的主要目标之一仍是增加田间作物的产量和农业基础设施，从而增强保障谷物的自给自足以及营养安全的能力。政府通过运输补贴以促进农民社区获得合成肥料（特别是对于谷物和土豆等经济作物）确保这一目标的实现，同时减少了对有机项目的支持，所以这一目标被认为是与100%有机的目标相违背。由于不丹对谷物进口的依赖以及国民生产增长值的必要性，人们对自给自足的关注逐渐升温。Feuerbacher等人（2018）开发的经济模型支持了这些关注和担忧并得出结论：由于二者的产量差距，单一从传统农业向有机农业转变很可能会导致农业生产在产量上的收紧。

认识到2020年愿景将无法实现后，不丹国内引发了积极、公开且诚恳的关于未来农业政策和粮食政策的讨论。在2017年5月的多方利益相关者研讨会上ICIMOD的报告结果得到了验证，同时该会议商定了一个为期15年的、分阶段的支持有机农业方案，以及相关活动的优先次序。

这次修订之后，不丹政府似乎正在为有机农业目标提供新的支持。第十二个五年计划（2018—2023）已制定了一系列专门措施，以根据有机旗舰计划（Organic Flagship Program）发展有机农业。该计划的预算拨款为1 170万欧元，是不丹有史以来用于指定有机组织的最高财政支持。根据政府的说法，该计划的目标是选定8种出口商品和4种国内消费商品进行有机生产。由NOP实施的这一行动旨在5年内产生约254 000吨生物投入物，创造约1 500个新工作岗位，并在全国范围内吸纳约3.3万农民（Gross National Happiness Commission，2019）。该计划的目标是到2023年实现约1.35万公顷的有机农地，而不再提及100%的有机农业目标。

4.5.1.2 印度喜马拉雅地区

印度喜马拉雅地区是水资源的摇篮，拥有丰富的生物多样性，是重要而脆弱的生态系统和自然资源的故乡。该地区受绿色革命的影响非常小，牲畜通常被整合到耕作系统中，从而使粪便大部分可直接利用。基于这些前提，锡金州选择执行100%的有机农业目标。然而，锡金不是将有机农业视为转变当地农业体系策略的喜马拉雅地区的唯一邦州。在其他喜马拉雅地区的邦州虽然对有机农业推进的政策力度有所不同，但是大多数邦州有机农业政策的应用已经成为现实。

印度的农业由联邦政府管辖，联邦政府主要负责农业部门的增长和发展。中央政府对有机生产的机构支持始于2001年，当时印度政府通过启动国家有机生产计划（National Program for Organic Production，NPOP）来促进有机农业的发展。该计划的目的是支持通过第三方认证的有机产品远销海外。现在，中央政府提出了几个重要计划以支持有机农业和农业生态的发展，2015年发起了以下两个完全致力于支持有机农业的关键计划。

（1）传统农业发展计划（PKVY）是印度农业部领导的国家可持续农业使命下土壤健康管理的一部分。该计划旨在通过参与式保障体系（PGS）认证小规模生产者以支持国内有机市场发展，并提供涵盖各种成本的补贴计划，例如投入品购买、收获、运输和营销。在喜马拉雅地区只需共同出资即可获得中央政府提供总预算10%的支持。2015—2018年，该计划分配到的总金额为1.18亿欧元。喜马拉雅地区所有邦州以不同的力度实施了这一计划。

（2）东北地区有机价值链发展使命（Mission Organic Value Chain Development for the North East Region，MOVCDNER）是东北地区发展部下属的东北地区基于价值链的有机农业计划。在该计划的第一阶段（2015—2018年），共拨款约5 000万欧元。该任务旨在支持生产者组织的创建、农场内和农场外有机投入物的生产、支持认证、收获、加工和营销。政府报告表明近5万名农民从该计划中受益。该计划第二阶段预计将在2018—2020年进行，预算拨款约为2 800万欧元。喜马拉雅地区的所有邦州都以不同的力度实施了该计划。

印度的有机市场一直保持两位数的稳定增长或多或少归功于这些支持。此外，印度拥有世界上数量最多的通过认证的有机生产者（超过110万名生产者），并且是出口有机棉数量最多的国家。

喜马拉雅地区的邦州也在有机部门的发展中发挥作用。其中许多邦州制定了专门用于支持有机农业的政策框架，例如喜马偕尔邦、北阿坎德邦（草案）和锡金等。

喜马偕尔邦的有机政策于2011年制定。在该政策的框架内，国家启动了其专门的有机农业研究中心。自2018年以来，印度农业部一直依据零自然预算农业（ZNBF）[①]密切促进有机农业发展。该总体计划包括实施国家有机计划，例如传统农业发展计划

① ZNBF是基于传统做法促进与自然和谐相处的农作物生长的农业生态耕作方法。

（PKVY）以及为ZNBF创建州级机构。

2018年，北阿坎德邦拨款约1.95亿欧元用于支持有机产业未来3年的发展，在支持有机农业的PKVY计划与旨在改善恒河水质的国家计划之间建立起了协同机制。

锡金支持有机农业的政治承诺始于2003年，当时前首席部长帕万·查姆林宣布了他的愿景，使锡金成为印度第一个有机邦州。2010年，通过设计“锡金有机任务”加强了这一愿景，该任务路线详细说明了到2015年成为完全有机状态的所有必要措施，包括逐步取消对合成投入物的补贴以及随后的禁令等。为实现这一目标，该邦州于2015年12月宣布自己是世界上第一个拥有7.5万公顷经认证的有机土地的有机邦州。另一个重要措施是于2016年在邦托克州首府成立了国家有机农业研究所，该研究所为锡金及印度东北部所有山丘地区提供有机生产系统的研究和技术支持。

曼尼普尔邦政府尚未制定有机政策。但它一直支持有机农业，并成立了专门致力于促进有机农业的政府机构。该机构称为曼尼普尔邦有机使命机构（Manipur Organic Mission Agency），旨在到2025年将该邦州的大部分地区转变为有机区域，并充当MOVCDNER计划的实施机构。

那加兰邦目前正在起草一项有机政策。2019年5月，印度农业部副部长在一次公开活动中确认，政府将继续努力在全邦州范围内推广有机农业。

4.5.1.3 尼泊尔

尼泊尔的商业有机农业的建立始于20世纪90年代初。尽管获得认证的有机农业只占种植面积、产量和生产者数量（2017年不到1 000人）的一小部分，但对尼泊尔而言有机农业并不是一个新概念。在尼泊尔默认的有机农业占比很高，并且最近政府和非政府部门对该产业的兴趣日益浓厚。

2004年，尼泊尔政府根据《国家农业政策》首次将促进有机农业纳入其农业部门现代化战略中。2006年，尼泊尔永续小组（Nepal Permaculture Group）协同其他主要利益相关者、私营部门和民间社会组织一起起草了关于生产和加工的国家有机标准。虽然尼泊尔尚未颁布有关有机生产的国家法规，但是这些标准受到了官方认可，所以仍被自愿践行。10年后，政府制定了《农业发展战略》（ADS）（2015—2035年）以在随后的20年中指导尼泊尔的农业部门。政府认识到了有机品牌建设是提高尼泊尔农业部门竞争力的必要一环。该战略包括促进以社区为基础的种子生产、支持农业生态等综合系统，促进有机农业的推广服务，有机投入物的生产以及购买肥料（有机和合成肥料）的补贴，等等。

2017年11月，现任执政党发布了选举宣言，宣言中包含了在10年内将尼泊尔打造成为无化学农药国家的目标。但到目前为止，该声明尚未得到具体实施路线的支持。尽管如此，政府似乎正在采取更加具体的措施。卡纳利省政府于2018年4月制定了《政策与发展计划》（2018—2019年），概述了该地区逐步转变为完全有机的省份的过程。

此外，2019年尼泊尔政府成立了一个由15名成员组成的有机促进高级别工作组，以制定一项旨在指导未来几年有机农业发展的整体计划提案。根据国家媒体的报道，该文件提出了一些建议，包括建立一个单独的有机发展委员会，开展有机农业培训，提高消费者意识，以及为研究和推广提供的专门支持。该文件已于2019年7月提交给农业部。

4.5.2 发展前景及存在的矛盾

总体而言，上述3个国家机构的干预措施帮助了人们能够更好地获取有机投入物（特别是有机肥料），建立了致力于有机农业的政府部门，并支持了特定的研究、培训和推广服务计划。他们还通过认证补贴的方式来支持本地和国际市场。

尽管这一系列措施积极地推动了有机农业，但这3个国家的政策干预措施仍然存在矛盾，并且常常难以摆脱当前不可持续的发展状况。在保证粮食安全的名义下，尼泊尔、印度和不丹政府向他们的农业社区提供了更多的化学药品，这与向有机农业和生态农业全面过渡的愿景相矛盾。总体而言，正如在所有接受调查的国家中所观察到的那样，世界各国政府继续以提高生产率和保证粮食安全的名义向常规农业提供支持。由于公众希望获得这些投入物，这3个国家的合成肥料使用量在持续增加。例如印度的这种双重性非常明显，在支持有机农业的同时，该国仍是世界上肥料补贴最多的国家之一。举例来说，在2017—2018年，印度政府拨款约90亿欧元补贴化肥购买；与此同时，印度在2015—2018年期间支持了两个专门的有机农业计划PKVY和MOVCDENR，总预算约为1.68亿欧元。

印度还允许种植转基因作物，截至2018年，批准了5个不同的转基因Bt棉花品种进行商业化。印度是全球最大的有机棉出口国；广泛的转基因污染是使有机供应链成本增加、声誉下降和市场损失的主要因素。锡金不是全面禁止转基因作物的唯一印度邦州，因为马哈拉施特拉邦和卡纳塔克邦也分别于2012年和2015年实施了对Bt棉花的禁令。此外，由于对转基因食品的法律规定的缺失，印度正面临着含棉籽油食品的转基因污染问题。

因此，迅速停止上述政策措施对有机产业发展至关重要。对有机农业和生态农业机构的支持，普遍增加了山区有机产品的知名度和重要性，这些国家正在为改变提供灵感和动力。但是，为了提升有机农业和生态农业在山区发展和世界范围内的作用，政策框架应超越传统的“增值链”方法，将有机农业和生态农业作为一项整体战略，以实现可持续发展目标（SDGs）和“2030年议程”中涉及的广泛目标。

扩展阅读

施普林格（Springer）出版的关于可持续全球价值链的书中：“团体认证：小农农业的市场准入”一章全面解释了团体认证的概念和所有相关术语（Steidle/Herrmann，2019）。它进一步概述了该概念的起源、机遇和挑战，并建议将培训与种植者团体负担得起的ICT工具的使用相结合，对于团体认证以可持续和可信赖的方式实施至关重要。

参考文献

Meinshausen Florentine，Richter Toralf，Blockeel Johan，Huber Beate. 2019. Group Certification. Internal Control Systems in Organic Agriculture：Significance，Opportunities and Challenges[EB/OL]. Research Institute of Organic Agriculture FiBL.Frick. https：//orgprints.org/35159/

Regulation（EU）2018/848 of the European Parliament and of the Council of 30 May 2018 on organic production and labelling of organic products and repealing Council Regulation（EC）No 834/2007. Consolidated version. https：//eur-lex.europa.eu/legal-content/EN/TXT/? uri=CELEX：02018R0848-20180614

European Commission. 2007. Council Regulation（EC）No 834/2007 of 28 June 2007 on organic production and labelling of organic products and repealing Regulation（EEC）No 2092/91[EB/OL]. http：//eur-lex.europa.eu/legal-content/EN/TXT/? uri=CELEX：02007R0834-20130701.

European Commission. 2008. Commission Regulation（EC）No 889/2008 of 5 September 2008 laying down detailed rules for the implementation of Council Regulation（EC）No 834/2007 on organic production and labelling of organic products with regard to organic production，labelling and control[EB/OL]. http：//eur-lex.europa.eu/legal-content/EN/TXT/? uri=CELEX：02008R0889-20170521.

European Commission. 2008. Commission Regulation（EC）No 1235/2008 of 8 December 2008 laying down detailed rules for implementation of Council Regulation（EC）No 834/2007 as regards the arrangements for imports of organic products from third countries[EB/OL]. https：//eur-lex.europa.eu/legal-content/EN/TXT/? uri=CELEX：02008R1235-20190409

Huber Beate，Otto Schmid，Verena Bartlogg，Flavia Mouroy Castro. 2019. Public Standards and Legislation[M]//Willer H.，Lernoud J. The World of Organic Agriculture 2020. FiBL，Frick，and IFOAM-Organics International，Bonn. 152−159

European Commission. 2018. Regulation（EU）2018/848 of the European Parliament and of the Council of 30 May 2018 on organic production and labelling of organic products and repealing Council Regulation（EC）No 834/2007）[EB/OL]. https：//eur-lex.europa.eu/legal-content/EN/TXT/? uri=CELEX：02018R0848-20180614.

Bhushan Chandra，Amit Khurana，Sonam Taneja，Bhavya Khullar. 2018. Genetically Modified Processed Foods in India-Need to Curb Illegal Sales in the Indian Market[M]. Centre for Science and Environment，New Delhi

ICIMOD，MoAF. 2018. *Organic Agriculture Development Strategies*：Roadmap for 12th Five Year Plan and Beyond[EB/OL]. Kathmandu：ICIMOD. http：//lib.icimod.org/record/33841/files/icimodOrganic_strategy_BT-a.pdf

Feuerbacher A.，J. Luckmann，et al. 2018. Is Bhutan destined for 100% organic? Assessing the economy-wide effects of a large-scale conversion policy[J/OL]. PLoS One，13（6）：e0199025

Gross National Happiness Commission. 2019. Twelfth Five Year Plan Document 2018—2023，Gross National Happiness Commission（2019）[M].Royal Government of Bhutan，Thimphu

Soil Association. 2017. Failed Promises：The Rise and Fall of GM Cotton in India[M].Soil Association，Bristol

5 非洲有机农业现状①

2018年非洲有将近200万公顷的农业用地，占非洲大陆农业总面积的0.2%，占全球有机农业面积的2.8%。与2017年相比，非洲的有机农业用地增加了0.2%，即4 130公顷，在2000年的5.3万公顷基础上增加了近200万公顷。2018年，47个国家报告了有机生产活动的数据。突尼斯是非洲有机生产面积最大的国家，有近30.65万公顷土地，乌干达是有机生产者数量最多的国家，超过21万个。有机农业用地占比最高的国家是圣多美和普林西比，其农业土地的22.5%是有机农业用地，其次是埃及和突尼斯，占比分别是3.1%和3%。

5.1 土地利用

2018年，接近2/3的非洲有机农业用地被用于种植多年生作物（近130万公顷），近30%用于季节性作物（超过55万公顷），只有0.2%（超过4 000公顷）用于草地/放牧区，另有10%的有机农业用地尚无详细信息。

① 本章作者：Jan Trávníček、Bernhard Schlatter、Julia Lernoud和Helga Willer；翻译：刘心童；作图：赵惠娟。

突尼斯（30.6万公顷，主要是橄榄）、坦桑尼亚（超过27.8万公顷，主要是咖啡）、乌干达（超过26.2万公顷，主要是坚果和咖啡）、埃塞俄比亚（18.6万公顷，主要是咖啡）、肯尼亚（超过15.4万公顷，主要是坚果和椰子）和埃及（11.6万公顷，主要是药用植物）多年生作物有机种植区面积位居非洲的前六位。非洲主要的有机多年生作物是咖啡，种植面积超过36万公顷，占该地区咖啡总面积的12.6%。最大的有机咖啡区位于埃塞俄比亚（超过16.1万公顷）和坦桑尼亚（近8.2万公顷）。自2004年以来，非洲有机咖啡种植面积增加了20倍；其中一些增长可归因于日益改善的数据可用性。可可种植面积近17.15万公顷，自2004年以来增长了70倍，占非洲大陆可可种植面积的2.1%。非洲最大的有机可可种植区域位于塞拉利昂（6.15万公顷）、刚果（金）（5.19万公顷）和乌干达（超过1.9万公顷）。

非洲近30%的有机农地用于季节性作物，其中大部分是油料作物（近19.4万公顷，占油料作物总种植面积的0.7%，主要是芝麻）、纺织作物（10.4万公顷，占该地区棉花总种植面积的2.2%）和谷物。该地区超过65%的棉花种植在坦桑尼亚（约6.85万公顷），其次是乌干达（1.31万公顷）。自2004年以来，有机棉种植面积增长了11倍。2018年谷物种植面积超过6.5万公顷；主要生产国是坦桑尼亚（近5.1万公顷）、埃及（近9 000公顷）和塞内加尔（近3 700公顷）。

5.2 生产者

非洲有机生产者至少有788 858人。拥有最多有机生产者的国家是乌干达（超过21万人）、埃塞俄比亚（超过20.3万人）和坦桑尼亚（超过14.8万人）。由于一些国家仅报告了农场企业的数量，因此我们可以假设其有机生产者的数量可能更多。

5.3 野生采集

野生采集在非洲发挥着非常重要的作用，在2018年，有超过1 150万公顷土地获得了有机野生采集区认证。赞比亚是野生采集区域面积最大的国家（超过320万公顷，主要用于养蜂业），其次是坦桑尼亚（240万公顷，主要用于养蜂业）、南非（150万公顷，主要用于采集魔鬼爪[①]）、纳米比亚（110万公顷，主要用于采集魔鬼爪）、索

① 魔鬼爪为药用植物名称。

马里（超过82.6万公顷，主要是天然橡胶）和莫桑比克（超过81.3万公顷，主要是椰子）。药用植物，比如魔鬼爪（胡麻科爪钩草）野生采集区域面积最大（超过270万公顷）；其次是坚果（近70万公顷），如曼杰提树坚果。非洲有机野生采集区域的主要活动是养蜂，该区域面积超过500万公顷。赞比亚是拥有最大野生采集区的国家，有机养蜂场的面积为250万公顷，占养蜂区域总面积的49%。

5.4 数据统计

关于非洲有机农业的更多信息，请参阅图5-1至图5-5。

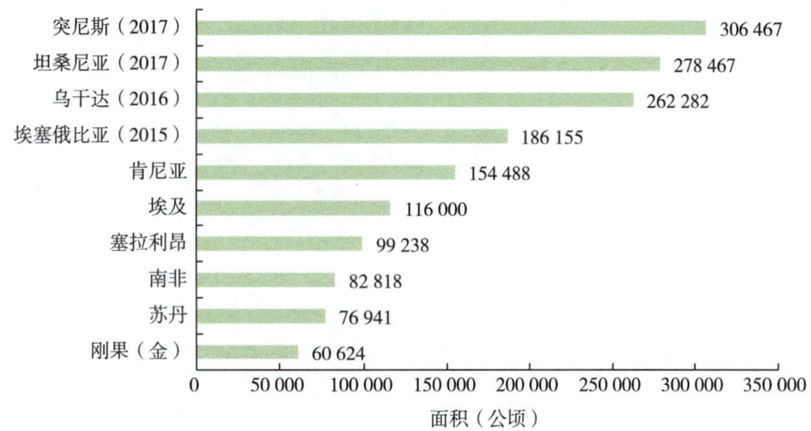

图5-1 2018年非洲有机面积位列前十位的国家/地区

数据来源：2020年FiBL调查

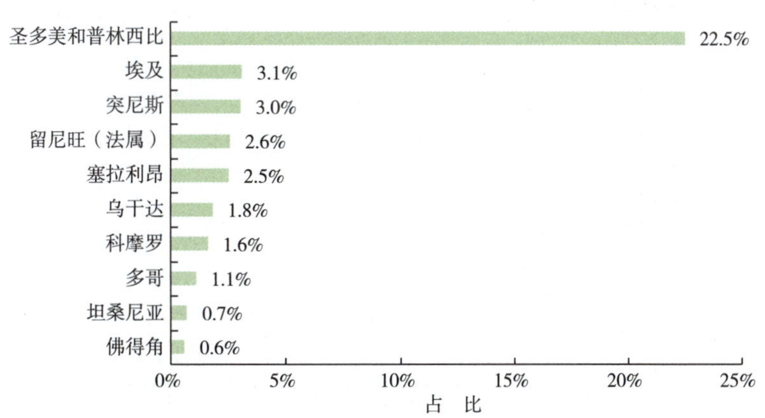

图5-2 2018年非洲有机农地面积占比最高的国家/地区

数据来源：2020年FiBL调查

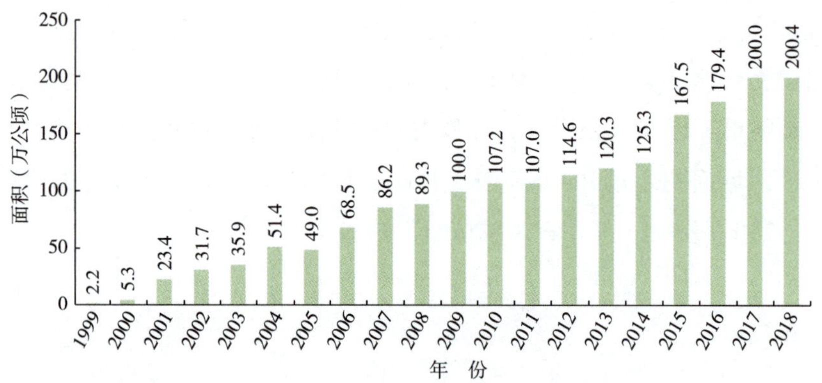

图5-3 1999—2018年非洲有机农地面积发展情况

数据来源：2001—2020年FiBL-IFOAM-SOEL调查

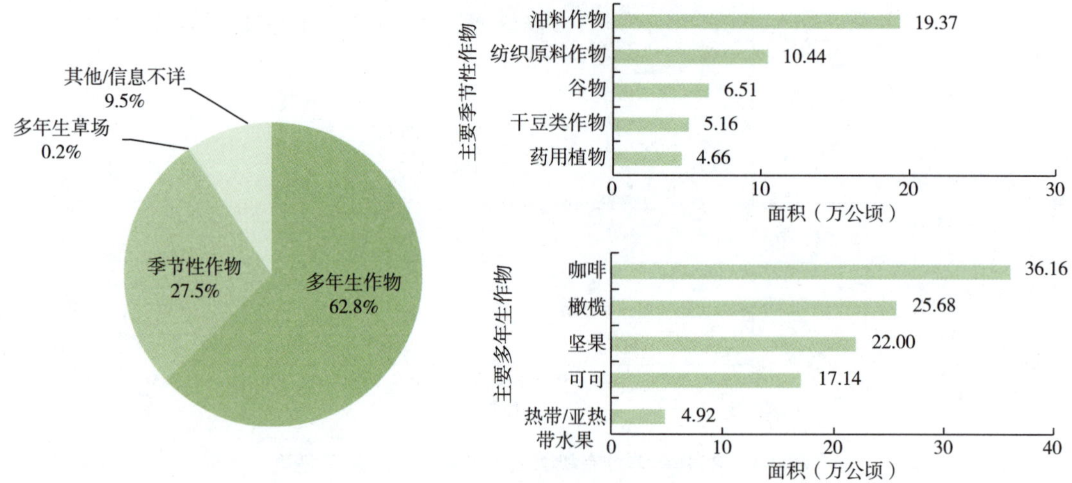

图5-4 2018年非洲有机农地使用情况

数据来源：2020年FiBL调查

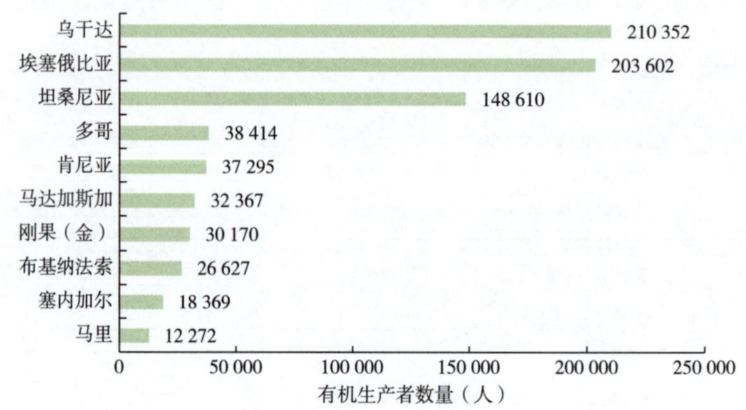

图5-5 2018年非洲有机生产者数量位列前十位的国家/地区

数据来源：2020年FiBL调查

6 亚洲有机农业现状

6.1 2019年亚洲有机行业的发展①

6.1.1 概 述

亚洲有机农业用地面积约650万公顷，占该地区农业总面积的0.4%。亚洲地区对有机产品的兴趣日益浓厚。在此消费背景下，向消费者确保有机产品的真实性和安全性，对于促进有机农业商业化和农业综合企业的蓬勃发展至关重要。亚洲农民越来越关注有机产品的原产地和可信度。他们想知道产品是如何生长的，以及如何在整个供应链中确保质量。这就需要可信赖的食品追溯系统来跟踪和监控贯穿于整个价值链上的食品，包括农场投入的完整性、农场食品生产标准、收获及采收后的处理，如加工、运输、仓储、营销等环节。

区块链和物联网（IoT）技术涉及智能农业生态系统中的各方，可以帮助开发可信的、自我组织、开放、生态的食品可追溯系统。在有机农业中采用数字技术不仅使有机

① 本章节作者：Shaikh Tanveer Hossain和Jennifer Chang；翻译：刘心童；作图：赵惠娟。

行业成为一家盈利丰厚的企业，而且还将鼓励年轻人从事农业。此外，这些新技术将解决日本、韩国、中国台湾等国家与地区的人口老龄化及农业后继者的问题。越南等一些国家采取了鼓励企业家进口数字设备的举措，以促进智能数字有机农业的发展。

一些亚洲国家在2019年取得了重大成就，例如中国推出了第三版国家有机标准。菲律宾国家有机农业委员会在与各利益相关者协商后，通过了将参与性保障体系（PGS）纳入国家有机标准的决议。在韩国，一项试点工程开始为军事基地提供环保大米，中央政府批准了为孕妇提供环保食品的计划预算。

亚洲对有机食品的需求持续快速增长，本地有机产品的供应能否满足不断增长的需求，还是一个未知数。

6.1.2 孟加拉国

2016年，孟加拉国政府实施国家有机农业政策（NOAP）后，该国的有机产业稳步增长。尽管有机产业正在不断扩大，但是有机农地面积和有机生产者的数量仍然很少。包括水产养殖在内的有机生产认证面积只有约6 000公顷，其面积不到全国总耕地的0.1%。水产养殖（虾）占有机认证面积的很大一部分（5 781公顷），其次是有机茶（503.9公顷）。有机茶主要出口美国、日本、英国和德国，有机虾主要出口欧洲市场。

除了认证有机产品，企业家和开明的农民也参与生产各种非有机认证的产品，如水果、蔬菜、大米、小麦、腰果和大豆，以满足国内市场的需求。一些非政府组织（NGO）正尝试在国内市场上采用参与式保障体系（PGS）进行产品认证。农民、零售商和消费者对有机农产品的需求越来越大。然而，从消费者的角度来看，诚信依然是最大的问题。因此，可追溯系统将会在国内有机市场发挥重要作用。

6.1.3 柬埔寨

经过30年的内战后，自20世纪90年代初以来，柬埔寨一直是国际发展机构干预的焦点。其国内政策发展仍需依赖于援助计划，这也适用于有机农业部门。由于当地语言中没有与“有机”对应的词，因此，将其翻译为“自然”，并被理解为“没有化学品投入的农业”。

柬埔寨有机农业协会（COrAA）是当地唯一的有机认证机构，于2006年通过一个国际发展倡议而成立，目前该组织仍在努力实现“本地化”和“自我可持续发展”。

有40位NOP[①]认证的操作员，其中14位从事有机大米生产，12位从事有机辣椒生产。所有的生产都是通过订单生产模式进行的。通过农业合作社从事有机水稻承包经营的买家数量有所增加，同时还启动了有机腰果的合同种植。

在政策层面，柬埔寨政府面临着与其他东盟[②]国家协调有机标准的压力。在欧洲捐助者的支持下，柬埔寨农林渔业部组织了一次研讨会，为制定国家有机标准技术指导方针做准备。

6.1.4 中　国

市场：在“一带一路”的倡议下，中国有机产品进口快速增长，符合中国有机标准的国外认证数量也在增加。越来越多的有机产品通过高端超市和线上平台销售。然而，网上销售也存在有机产品真伪的问题，有农民声称自己的产品是有机的，以便从认证有机产品的溢价中获利。

政策：中国国家有机标准第三版自2019年1月1日起实施。团体认证被要求每年认证一次，这将有助于小农户经营者进入国内市场。以生态建设和发展为重点的政策越来越多，这使中央和地方政府更加关注有机农业的发展。越来越多的中央政府机构正在访问位于德国波恩的IFOAM国际有机联盟总部，讨论未来有机农业伙伴关系的选择等问题。

有机运动周年：中国有机领域相关方于2019年11月举办了中国有机运动30周年纪念活动，IFOAM国际有机联盟高层参加了庆祝活动。有机大品牌正在加入IFOAM国际有机联盟成为会员，这表明中国消费者对有机食品和健康食品的意识和需求在不断提高。IFOAM-ASIA中国区办公室正式成立，为中国有机行业网络建设提供支持。

6.1.5 印　度

气候的变化再次影响了印度的农业，为该国应对和改变农业种植方式敲响了警钟。经过多年的干旱或降水量的减少后，印度在2019年9月的平均降水量比正常值高出48%。总的来说，在季风期间，这个国家记录了25年来最高的降水量。

全国许多地区的庄稼被大雨毁坏了。有机生产也因此受到影响，然而，在该国有各种不同的情况，土壤肥沃和生物多样性丰富的有机农场经受住了气候变化影响的考验。

---

① 国家有机计划（NOP）是美国管理有机食品的联邦监管框架。

② 获得东盟有机农业标准可以登录东盟网站https：//tinyurl.com/qor3cm。

从气候变化和化学投入品对生态系统的影响中吸取了教训后，印度政府已经开始为从事有机种植的农民提供各种激励措施，包括专门的计划，如Parampragat Krishi Vikas Yojana（PKVY）和东北地区有机价值链开发计划（MOVCDNER），以及其他与农业部门有关的计划。

2019年印度有机种植面积有所增加，国内对有机产品的需求也有所增长。印度有机食品市场的发展趋势表明，目前印度的有机食品市场增长率为25%。根据印度工商联合会（ASSOCHAM）估计，到2022年，其有机食品市场增长率将保持在这个水平。此外，印度有机认证还有很大的空间，其有望成为世界上最大的有机农产品生产国和消费国之一。

6.1.6 印度尼西亚

2019年，印度尼西亚政府没有发布任何关于有机农业的新政策或法规。纳入政府计划的“1 000个有机村庄”已呈现出显著效果，许多农民团体已经加入了该计划，并已获得有机认证，其生产的产品同时在国内和国际市场上进行交易。

有机工业也在不断发展，特别是为了满足国际市场的需求。增长最快的是用于食品和化妆品成分的有机精油。有机椰子产业以椰子油、椰奶、干椰子和椰子水的形式，呈现出多样化发展及增长。

对有机农业的研究是由农民运动领导的，人们也在日益关注环境问题。有机耕作的研究主要集中在土壤肥力和某些作物的植保上。许多潜在的农作物还没有引起有机研究人员的关注。

6.1.7 日　本①

日本农林渔业省（MAFF）于2019年1月修订了日本农业标准（JAS），并实施了《餐饮业有机食品识别标准》。MAFF的一项调查显示，日本有机市场的规模预估价值为1 850亿日元，而2009年为1 300亿日元，显示出日本有机市场的快速增长。

日本有机绿茶的出口正在增加，认证的有机茶园占总茶园面积的6.3%，比国内其他有机作物的份额要高得多。

经认证的有机农地总面积为10 792公顷，占日本所有农地面积的0.24%（2018年

---

① 关于日本有机农业的更多信息，请查询https：//www.maff.go.jp/e/policies/env/sustainagri/organicagri.html。

4月1日）。目前，日本有0.5%的农民从事有机农业，尽管只有0.2%的农业从业者获得有机认证。在从事传统种植的农民中，55%的人愿意转向有机农业，这表明有机农业有较大的发展空间。有机农业部门需要从农业技术、知识共享、市场开发和创建零售物流等方面给予支持。

MAFF正在帮助地方政府建立一个促进和支持有机农业的平台。2019年8月，17个地方政府成为该计划的一部分。

6.1.8 韩　国

2019年，韩国的有机食品市场预估价值约为3.5亿欧元（4 500亿韩元），而未使用过农药投入品的食品市场预估价值约为10亿欧元。约39%的环境友好食品（有机食品和无农药投入品的食品）的市场份额被纳入学校的用餐计划，大型食品店市场份额为29.4%，专卖店和消费者合作社为19.2%。

根据新近修订的《环境友好型农业促进法》，对环境友好型农业的定义是“一个增加生物多样性、提高土壤的生物循环和过程，在健康的生态环境中生产农产品，以保护农业生态系统的行业”，这使单纯以食品安全为中心的法则已成为过去。希望这种方法能够帮助消费者拓宽其对有机农业的看法。2019年6月，为期1个月的试点项目向军事基地提供了5 000吨环保大米，预计到2020年这一数量还将增加。2020年，另一个试点项目将为孕妇提供环保食品，环保食品计划资金50%由中央政府提供，30%由地方政府提供。

6.1.9 菲律宾

菲律宾有机市政和城市联盟（LOAMCP-PH）在过去几年中不断发展壮大，促进了菲律宾有机农业的发展。在2019年，他们与菲律宾内政部和地方政府（DILG）①合作，授权所有地方行政长官（LCEs）或市政和城市市长成为LOAMCP-PH的成员。

为促进有机农业的主流化发展，在当地政府的支持下，内格罗斯岛地区（维萨亚斯地区的一部分）已经举办了14年的有机农民节。其愿景是岛上转换期和有机认证的农场达到10万公顷。目前，这里有2万公顷的土地为有机生产，包括5 000公顷的香蕉、菠萝、薏苡仁、辣木、咖啡、可可、水稻和其他作物。

---

① 中央政府机构监督所有的地方行政长官。

2019年11月，菲律宾国家有机农业委员会与各利益相关者协商，批准了将参与性保障体系（PGS）纳入国家有机标准的决议。这将为成千上万的农民在他们种植的有机产品贴上有机标签铺平道路。

另一项重要决议是设立有机农业副部长，以促进对菲律宾有机农业的追踪。这些重大决议将对菲律宾有机农业的持续发展产生重大影响。

6.1.10 泰 国

自农业部和合作社于2017年启动补贴计划以来，泰国继续迅速扩大有机水稻的种植。然而，如果没有一个全面的后续计划，该项目在2020年结束时不太可能持续取得进展。

由于受欠佳的汇率影响，泰国有机产品出口即使没有停滞，也增长缓慢。然而，随着人们对参与式保障体系（PGS）的接受，泰国国内有机市场正在迅速扩大。当地一些公立医院为病人购买有机食品的努力也有助于当地有机食品的推广。

6.1.11 IFOAM ASIA 2019

亚洲国际有机农业运动联盟的业务扩大到中国和菲律宾，并开设了国家办事处。

随着国际有机农业政策峰会（ALGOA+4）的召开，全球对亚洲有机农业地方政府（ALGOA）①发展有机农业的兴趣与日俱增。通过与菲律宾和韩国地方政府的密切合作，ALGOA的会员人数迅速增长。国际伙伴关系正在被讨论中，特别是与欧洲类似的组织。

ALGOA注重能力和政策发展、研究和文件编制、公共采购和良好的治理。它将在亚洲的战略国家建立，并得到各自政府和ALGOA/IFOAM亚洲成员和合作伙伴的全力支持。

在韩国槐山郡政府的全力支持下，2020年6月，亚洲有机青年论坛将被扩展成世界有机青年论坛。“亚洲有机农业中的女性（WOAA）”项目预计将在2020年初推出，该项目代表了女性相关利益者在有机农业领域的呼声。

此外，由中国四川省西充县发起的亚洲有机创新委员会于2019年12月成立，旨在开展亚洲创新领域的研究并记录最佳实践。

---

① 亚洲有机农业地方政府（ALGOA）是IFOAM ASIA旗下的一个分支机构，在韩国合法注册。现有成员260多名，来自亚洲和中亚18个国家的地方政府代表。

各国家数据提供者名单

孟加拉

Dr Shaikh Tanveer Hossain，Asian Productivity Organization，Japan，e-mail：tanveer107@yahoo.com

Dr Md. Khurshid Alam，Bangladesh Agricultural Research Institute（BARI），e-mail：khurshidal@hotmail.com

柬埔寨

Ayumi Matsuura，Board Member，Cambodian Organic Agriculture Association（COrAA）and Country Director-Cambodia，International Volunteers of Yamagata（IVY），email：ivy@online.com.kh

中国

Li Feng，IFOAM Asia China Country Director，email：li.feng.organic@outlook.com

Zhou Zejiang，Senior Advisor of the Organic Food Development Centre，（OFDC）and-MEP，e-mail：zejzhou88@yahoo.com

印度

Joy Daniel，Director，Institute of Integrated Rural Development，e-mail：joydaniel@lipok.org

印度尼西亚

Indro Surono，Indonesia Organic Alliance，e-mail：i.surono@gmail.com

日本

Miyoshi Satoko，Representative for Global Organic Textile Standards Japan，e-mail：miyoshi@global-standard.org

韩国

Manchul Jung，Deputy director，Korea Institute of Rural Social Affairs，e-mail：jungkobe@hanmail.net

Jennifer Chang，Executive Director，IFOAM Asia，email：jchang2011@gmail.com

菲律宾

Vic Tagupa，Technical officer，League of Organic Agriculture Municipalities & Cities（LOAMC），e-mail：victagupa2016@gmail.com

Edgardo Uychiat，Executive Director，Negros Island Sustainable Agriculture Research & Development，email：boyetuychiat@yahoo.com

泰国

Vitoon Panyakul，Green net，e-mail：vitoon@greennet.or.th

6.2 亚洲有机农业数据①

6.2.1 概 述

亚洲有机农业用地面积近650万公顷，占该地区农地总面积的0.4%，占全球有机农地总面积的9%。与2001年（42万公顷）相比，有机土地的数量已经实现了超过15倍的增长。2017—2018年，亚洲有机土地面积增加了超过50万公顷，增幅达9%。其中，有机农地面积最大的国家是中国（310万公顷），生产者数量最多的国家是印度（1 149 371人）。有机农地在农地总面积中占比最高的国家是东帝汶（16.8%）和斯里兰卡（2.8%）。

6.2.2 土地利用

2018年，亚洲53%的有机农地都用于种植季节性作物（340万公顷），10%（约66.7万公顷）用于种植多年生作物，还有0.4%为草地/牧区（超过2.7万公顷）。除此之外，未得到关于其他土地利用类型的信息，因此我们可以假设，每种土地利用类型在有机农地总面积中所占比例应该会更大。

谷物是主要的有机季节性作物（主要为小麦和水稻），占地面积超过130万公顷，占亚洲谷物种植总面积的0.4%。其中，大部分的谷物都分布在中国（超过96.8万公顷）和哈萨克斯坦（超过11.1万公顷）。另外，油料作物（主要是大豆）也是非常重要的谷物，其种植面积至少为63.4万公顷（主要在中国和印度），占亚洲油料作物种植总面积的1.2%。主要的有机谷物是水稻、玉米和小麦。有机水稻占有机谷物区域中种植面积的41%，小麦占22%，玉米占19%，这3种谷物共占亚洲有机谷物种植总面积的近82%。有机水稻主要种植在中国（33.2万公顷），占该地区有机水稻总量的64%。最大的有机小麦区域也在中国（17.4万公顷），其次是哈萨克斯坦（超过10万公顷），亚洲有机小麦种植几乎全部分布于这两国。

大多数的有机多年生作物用地都用于种植椰子（超过23.2万公顷）、茶叶（近13.2万公顷）、咖啡（约6.7万公顷）、坚果（超过5.5万公顷）以及温带水果（超过5.3万公顷）。菲律宾的有机椰子种植区域面积最大，约16万公顷，占该区域有机椰子种植总面积的69%。亚洲有机咖啡种植面积最大的国家是印度尼西亚，据报告其面积超过6万

① 本章节作者：Jan Trávníček、Bernhard Schlatter、Julia Lernoud和Helga Willer；翻译：刘心童；作图：赵惠娟。

公顷，然后是东帝汶（4 100公顷）；这两个国家有机咖啡的种植面积占亚洲此类农地面积的95%。就亚洲咖啡种植的总面积而言，有机咖啡的种植面积占2.5%。此外，亚洲几乎有3.7%的茶叶种植区域都是有机茶叶，而且其中大部分都分布在中国（11.1万公顷），其次是越南（约8 900公顷）。

6.2.3 生产者

2018年，亚洲区域报告显示该地区的有机生产者数量为1 317 023人。其中，印度有机生产者的数量最多（1 149 371人），其次是泰国（58 490人）。遗憾的是，许多国家没有上报他们的生产者数量，或者仅上报了公司的数量；因此推测，该区域生产者的实际数量应该更多。2004年，亚洲地区的生产者总量为10万人，如今有机生产者的数量已经实现了超过13倍的增长。

6.2.4 野生采集

2018年，亚洲区域报告显示该地区有机野生采集区域的面积为280万公顷。遗憾的是，我们仅掌握了该地区4%土地的相关信息。从已知信息来看，野生坚果（超过5.5万公顷）和野生果树（3 750公顷）是该地区的主要商品。此外，养蜂场（超过5.6万公顷）也扮演着非常重要的角色。印度是该地区有机野生采集区域面积最大的国家，面积达150万公顷，其次是中国（100万公顷），再次是泰国（超过11.7万公顷）。

6.2.5 市　场

我们并未掌握亚洲大多数国家的有机市场数据，但是我们可以假设，亚洲有机市场是不断增长的。共有9个国家提供了有机产品零售额的数据，超过亚洲提供有机数据国家总数的20%。从已知数据来看，我们可以假设亚洲有机产品的销售额至少为100亿欧元。就中国而言，其2018年上报的数据显示为81亿欧元，成为世界第四大有机产品市场。此外，日本国内的有机市场销售额也很高，为14亿欧元，韩国上报的市场销售额为3.3亿欧元（2017年）。

6.2.6 数据统计

关于亚洲的更多信息，请参阅图6-1至图6-4。

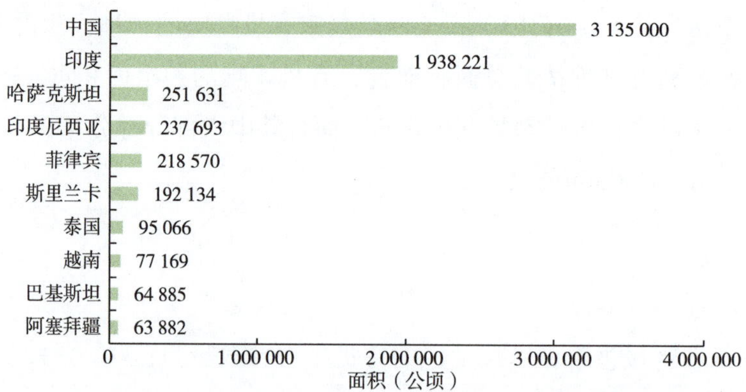

图6-1 2018年亚洲有机面积位列前十位的国家/地区

数据来源：2020年FiBL调查

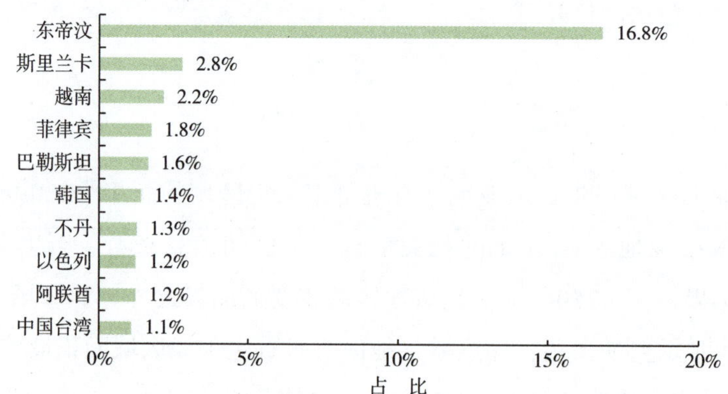

图6-2 2018年亚洲有机农地占比位列前十位的国家/地区

数据来源：2020年FiBL调查

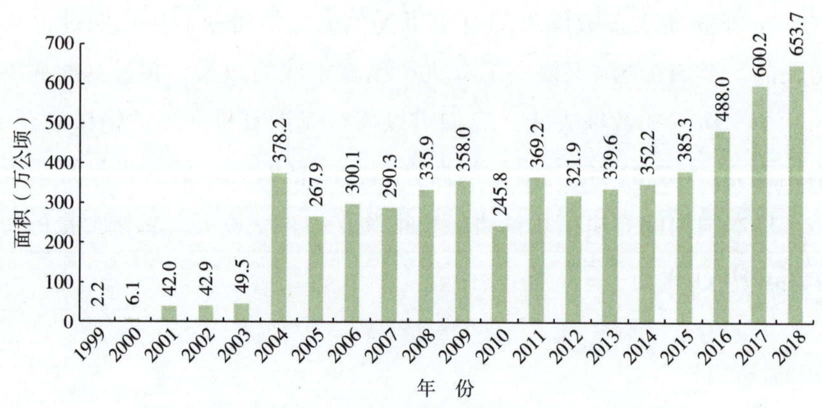

图6-3 1999—2018年亚洲有机农地面积发展情况

数据来源：2001—2020年FiBL-IFOAM-SOEL调查

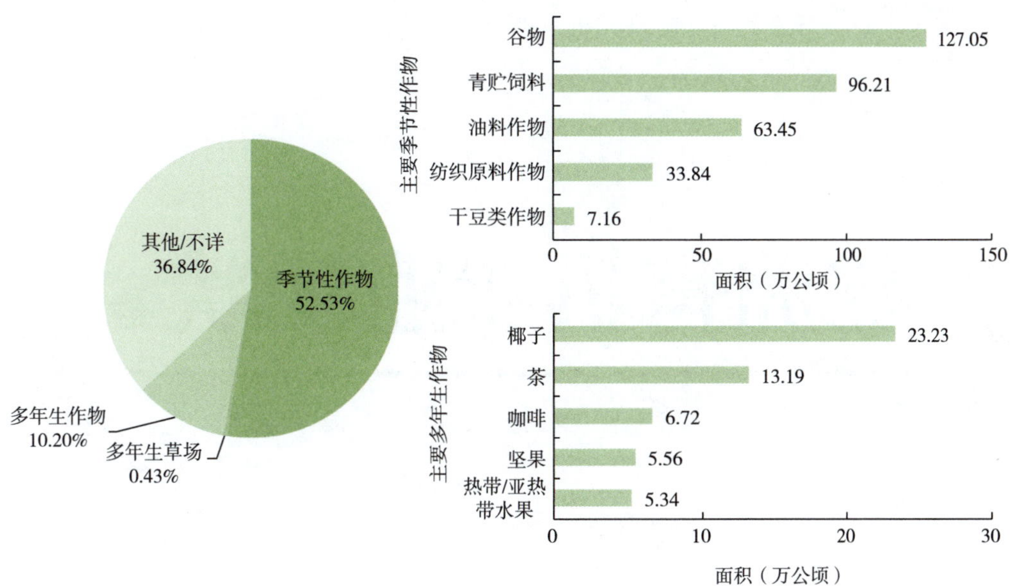

图6–4 2018年亚洲有机农地使用情况

数据来源：2020年FiBL调查

7 欧洲有机农业现状

7.1 欧洲有机农业的发展情况①

7.1.1 概　述

2018年，欧洲有机生产领域和市场持续增长。数据显示，欧洲有机食品市场增长至400多亿欧元，然而，增幅只有个位数（7.5%），增长幅度缓慢。该地区有机生产领域的增长幅度或多或少与市场的增长速度持平（图7-1）。

欧盟委员会（European Commission）的预测显示，消费者对有机食品需求的增长有望在短期内促进欧盟有机产品的供应。然而，根据欧盟委员会的报告，从中期来看，向有机农业转型的挑战，以及市场向其他环保替代品的进一步转变，可能会减缓有机产品的增长。本章所介绍的欧盟有机生产法规、共同农业政策（CAP）和研究成果也将影响该行业的发展。

---

① 本章节作者：Helga Willer、Bram Moeskops、Emanuele Busacca、Léna Brisset和Maria Gernert；翻译：刘心童；作图：赵惠娟。

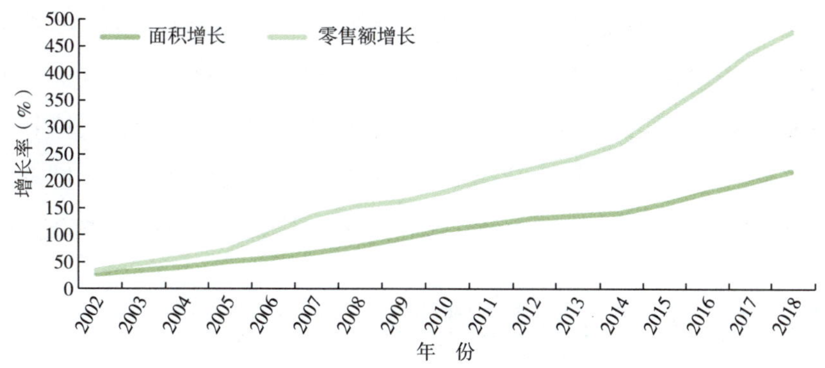

图7-1　2000—2018年欧洲有机面积和零售额的累积增长率

数据来源：2020年FiBL-AMI调查

7.1.2　欧盟最新有机法规的通过

2018年6月，欧盟（EU）发布了关于有机产品生产和有机产品标签的新法规2018/848。新的欧盟有机法规将于2021年1月1日起实施，已通过的法规是基本法案。这意味着该法规的许多细节仍须以授权和实施法案的形式加以制定和采纳。二级立法的制定过程始于2018年6月，最迟应于2020年6月完成，比新的有机法规的实施早6个月。

7.1.3　2020年后共同农业政策提案启动

2018年6月，欧盟委员会颁布了共同农业政策（CAP）（2021—2027年）提案。新的共同农业政策代表了一种新的交付模式，建立在以结果导向为基础的方式上，这将使成员国在执行政策目标方面具有更大的灵活性。

有机农业可以对可持续食品和农业部门做出决定性的贡献，同时满足公民的偏好。然而，只有提高CAP的预算和奖励机制预算，允许更多的农民做出必要的额外努力和投资，才有可能使大规模的传统农业种植转向有机种植。新CAP规划的新奖励机制和充足的预算将鼓励更多农民在2020年后为环境、气候和农村社区做出更大的贡献。

可以预见的是，农村发展部分的第二支柱将会被削减。到目前为止，第二支柱已经为农民提供向有机农业转变提供了大量技术帮助和财务支持。因此，它应该得到强化，且预算的30%都应该用于实现CAP的环境和气候目标。对于这一点，有机运动组织非常关注（IFOAM国际有机联盟）。

作为新绿色环保项目的一部分，新提议的生态计划提供了一个很好的机会补偿那些想为气候和环境做出努力的农民。该计划的全部资金由第一支柱资助，从占CAP预算总额3/4以上的第一支柱中获得资金。但是，该方案的实现仍然缺少一些基本条件，生态计划应该得到更精准的定义和界定方法，以便有利于支持提供包含有机农业在内的多种目标的农业系统。此外，第一支柱至少30%的预算应该用于这种新工具上，但需与强有力的共同保障措施相平衡。应强化第一支柱和第二支柱的资金和技术投入，资金投入至少需要提升到预算的70%，以避免气候和环境的状况呈现螺旋式下降的情况。

7.1.4 有机农业和可持续发展目标

在2019年2月于布鲁塞尔举行的有机农业和可持续发展目标（SDGs）活动上，瑞士有机农业研究所的成员（FiBL）和相关科学家提供的研究结果显示，在低收入国家，除了众所周知的有机系统带来的环境效益外，有机农业还能为小农户带来经济利益。因此，根据组织者的说法，有机农业是实现联合国可持续发展目标（SDGs）的手段之一。

可持续发展目标旨在结束饥饿和营养不良，确保获得安全、有营养和充足的食物（欧盟统计局，2019年）。欧盟统计局表示，有机农业是一种高度重视环境保护和动物福利的生产方式，避免或在很大程度上减少化肥、农药、添加剂和医疗产品等化学合成品的使用。值得注意的是，欧盟使用有机农业下的指标区域及其他指标来衡量可持续发展目标的进展。欧盟统计局指出，由于2017年7%的农地是有机的，可持续发展目标取得了重大进展。然而，尽管欧盟委员会没有为有机区域的进一步发展设定目标，德国却设定了目标，宣布其目标是实现有机农地占总农地面积20%的份额，作为实现可持续发展目标的贡献。

在德国，有机市场份额也被用来衡量可持续发展目标的消费进展。

7.1.5 研究项目

有机农业研究受到国家研究计划（国家有机行动计划）及欧洲计划的共同资助。自20世纪90年代中期以来，欧盟框架计划已经资助了数个有机农业研究项目。到目前为止，以下针对有机农业的项目得到了当前框架计划（地平线2020）的资助：OK-Net Arable、OK-Net EcoFeed①、LIVESEED②、ECOBREED③和BRESOV④（3种有机种子

① 获取更多信息请登录https：//ok-net-ecofeed.eu/。
② 获取更多信息请登录https：//www.liveseed.eu/。
③ 获取更多信息请登录http：//ecobreed.eu/。
④ 获取更多信息请登录https：//bresov.eu/。

和植物栽培项目）。RELACS[①]和Organic-PLUS[②]已在2018年春季启动，研究有机农业中有争议投入的替代品的研究项目。在2019年，一个针对有机农业动物福利的新项目PPilow，启动了一个关于有机水果生产的主题网络（BioFruitNet）。

2019年，联合欧盟成员国力量并资助跨国研究项目的CORE Organic网络庆祝成立15周年。目前的CORE Organic[③]财团，包括来自19个国家的26个合作伙伴，选定的12个项目将运行到2021年，分布在4个专题领域：植物生产系统、动物饲料、牲畜系统和有机食品加工[④]。同样在2019年，CORE Organic与ERA-Net SUSFOOD2联合发起了“迈向可持续和有机食品系统”的跨国号召，重点关注以下研究主题：资源高效、循环和零浪费的食品系统、从田间到餐盘的食品多样性、温和的食品加工、可持续和智能包装。

CORE Organic项目的成果被归档在有机Eprints开放存取库中，目前有超过22 000个条目。

7.1.5.1 有机农场知识平台（Organic Farm Knowledge）为农民和顾问们提供了交流学习的平台

2018年12月，由Horizon 2020资助的OK-Net Ecofeed项目启动了知识扩展平台——有机农场知识平台（www.organic-farmknowledge.eu），它最初是OK-Net Arable框架的一部分。平台旨在促进欧洲农民之间信息和技术交流，共有12种语言。目前，该平台专注于有机耕作种植。2019年，平台将涵盖有机猪和家禽饲养领域，以及种苗、培育等其他领域。OK-Net Ecofeed的最终目标是成为欧洲有机农业实用信息的知识文库。

7.1.5.2 田间考察日——农民和研究人员之间的交流

近年来，农民、研究人员和其他农业参与者之间的国家和国际交流变得越来越重要。法国的“科技与生物”（Tech and Bio）和瑞士的有机耕作日（Bioackerbautag）最近每年与有机家畜日（Bioviehtag）交替举办，已连续举办多年。在德国，2019年举办了第二届有机田间考察日（Ökofeldtage），吸引了超过1.1万名游客。

---

① 获取更多信息请登录https：//relacs-project.eu/。

② 获取更多信息请登录https：//organic-plus.net/。

③ CORE Organic是欧盟委员会在2004年启动的ERA-NET计划的一部分。它计划加强各国研究活动之间的合作，并旨在通过协调和协作提高欧洲研究资源的质量、相关性和利用。

④ 获取更多信息请登录http：//projects.au.dk/coreorganiccofund。

7.1.5.3 2019 Biofach（国际有机食品博览会）科技日

2019年2月15日，TP Organics科技日在Biofach举办，主题为“有机领域的研究、创新和知识交流挑战”。TP Organics[①]是欧洲有机食品和农业技术平台。科技日致力于讨论确定TP Organics新的战略研究和创新议程的研究主题草案，包括“基于生态方法的多样化农业系统”“从地方到欧盟层面的食品和农业政策的重新设计”“可持续消费”“新有机监管下的研究与创新”和“针对新的有机调控和新兴技术的创新”。在研讨会中，与会者讨论了进一步充实的具体挑战，研究范围以及预期的影响方面的内容。《战略研究和创新议程》是在2019年针对地平线欧洲、地平线2020后续研究和创新框架计划而制定的。在科技日研讨内容的第二部分，在政策辩论之前，FiBL与欧盟委员会启动了有机农场知识平台，联邦农业与营养研究所和有机农民协会举办了一场活动，旨在促进研究人员、农民和食品中小企业之间的创新和知识交流。

7.1.5.4 有机创新日

第五届有机创新日[②]是TP Organics的年度活动，与EU Projects LIAISON[③]和XF-ACTORS[④]合作举办，于2019年12月在布鲁塞尔举行。有机创新日旨在与包括公司和研究人员、农民和农民组织以及欧洲各国决策者在内的广泛利益相关者共同探讨有机农业领域内外的研究需求和创新成果，以转变我们的食物系统供应。第一天展示了有机农业和农业生态学在粮食和农业系统转型中的重要作用。第二天，TP Organics启动了新的战略研究和创新议程[⑤]。在与欧盟委员会和FiBL的高级政策辩论中，农民代表讨论了年轻一代有机农民未来创新的需求。在小组讨论中，来自欧盟不同项目的参与者分享了他们对有机食品和农业使用技术的看法。该小组讨论强调了农民和消费者在研究中分享知识和参与的重要性，以在价值链上创造公平的份额。

7.1.5.5 欧洲地平线计划

欧洲地平线是欧盟的第九个研究和创新框架计划（R&I），将从2021—2027年期间

---

① 获取更多信息请登录www.tporganics.eu。
② 获取更多信息请登录http：//tporganics.eu/organic-innovation-days/。
③ 获取更多信息请登录http：//liaison2020.eu/。
④ 获取更多信息请登录https：//www.xfactorsproject.eu/。
⑤ 获取更多信息请登录https：//tporganics.eu/wp-content/uploads/2019/12/ifoam-sria-full-final.pdf。

提供1 000亿欧元的预算。TP Organics发布了一份简报①，目的是提供计划（结构及内容）和政策程序的概览，包括预期的时间表。2019年春季，欧洲议会和欧盟理事会就欧洲地平线达成临时协议。根据这项协定，欧洲委员会已开始编制第一个战略计划。战略计划将确定特派团和欧洲伙伴关系，并为欧洲地平线前4年工作方案的内容和征求建议提供服务。第一个工作计划预计将于2020年秋季出台。

100亿欧元将被分配在“食品、生物经济、自然资源、农业和环境”领域。由于TP Organics的存在，欧洲地平线计划的法律条文规定其应该支持有机农业和农业生态。TP Organics也在支持计划中的土壤健康和食品任务，并加速农业系统转型的伙伴关系，这对支持有机农业和农业生态的升级至关重要。然而，TP Organics担心，将创新原则纳入欧洲地平线计划可能会被用来破坏预防原则，从而影响欧盟的社会和环境保护。只有在不损害公众健康和生态环境情况下的创新才是有意义的。

7.1.5.6 TP Organics的战略研究与创新议程

TP Organics新战略研究和有机创新议程农业生态学是在2019年有机创新日期间启动的，这是一个密集的参与性发展过程的结果，其中包括在2018—2019年举办的研讨会和在线研讨会上的讨论和利益相关者磋商，以及许多不同专家的合作。这一关键文件反映了整个有机的综合知识和专业知识价值链方面，旨在将有机部门的研究需求传达给决策者，这些决策者在欧洲粮食和农业系统的转型中发挥着至关重要的作用，确保对粮食政策采取共同的、综合的和整体的方法，是目前最迫切需要做的。

对有机产品和农业生态学的研究和创新可以使这一转变朝着更可持续的未来发展。4个主要研究领域（有机产品的进一步研究，重新制定的食品和农业政策，适应气候变化的能力，多种经营系统和可持续的价值链）和确定的29个优先项目需要欧盟层面的适当支持，特别是欧洲地平线计划，欧洲伙伴关系和任务，EIP-AGRI，利用有机食品、农业和农业生态学的潜力。这些优先事项反映了农民、加工商、公司和民间社会团体的知识和创新需求，他们都渴望与研究人员合作，改变欧洲的食品和农业系统。TP Organics确信，为这些优先事项提供适当的资金和技术支持将有助于引导欧洲的粮食和农业系统走向可持续和繁荣。

---

① 获取更多信息请登录https：//tporganics.eu/wp-content/uploads/2019/12/tporganics-horizon-europe-briefing.pdf。

7.1.5.7 第二十届世界有机大会

每3年，有机行业都会举办世界上最大的有机聚会——世界有机大会（OWC）。第二十届世界有机大会原定于2020年9月21—27日在法国雷恩举办，这将是自2008年以来该大会首次在欧洲举办，因受新冠肺炎疫情影响，该届大会时间调整至2021年9月6—10日。基于“植根于斯，有机激发生命”[①]这一主题，OWC 2020将致力于从可持续农业、价值链和消费方面，为有机从业者和志同道合的利益相关者提供一个交流知识、创新和经验分享的机会。在大会召开前的几天里，代表们有机会参加8个特定主题的会前会议，其中一个会议将集中讨论有机农业统计数据[②]。

7.2 欧洲和欧盟的有机农业及市场发展[③]

2018年，欧洲有机产业发展呈现出市场与地区增速基本一致的趋势。这意味着这种缓慢的增长与前几年的快速增长情况形成鲜明对比，这一趋势是否会持续下去还有待观察。

7.2.1 产量和市场亮点

2018年，欧洲有1 560万公顷采用有机管理的土地（欧盟1 380万公顷）。西班牙以超过220万公顷继续位列榜首，占据了超过欧洲有机农地的14%，其次是法国（200万公顷）和意大利（195万公顷）。

整个欧洲的有机农地增加了近130万公顷（俄罗斯对增长贡献最多），欧盟增加了100万公顷，在整个欧洲的增长率是8.7%，在欧盟国家中的增长率是7.6%，略高于2017年，也高于前10年的头几年。在2009—2018年的10年间，有机农业用地增加了2/3以上。

整个欧洲的有机农地占农业用地总面积的3.1%，其中欧盟占7.7%。无论是在欧洲还是在全球，列支敦士登的有机农地占农业用地比例都最高（38.5%）。其次是奥地利，位列欧盟国家榜首（24.7%）。

欧洲有近42万名有机生产人员（欧盟有近33万名），其中土耳其（79 563名）和意

---

① 2020年世界有机大会的英文主题为“From its Roots，Organic Inspires Life”。

② 有关会前会议的更多信息，请访问https：//owc.ifoam.bio/2020/pre-conferences/ing-on-the-supply-chain。

③ 本章节作者：Helga Willer，Bernhard Schlatter和Diana Schaack；翻译：刘心童；作图：赵惠娟。

大利（69 317名）的人数最多。2018年，欧洲的有机生产人员数量就增长了5.4%（欧盟7.1%）。而在2009—2018年的10年间，欧洲和欧盟的有机生产人员数量分别增长了64%和56%。

欧洲有机加工商超过75 600万个（与2017年相比增长了5.9%），欧盟有机加工商超过7.2万个（比2017年增长了5.5%），其中意大利的数量最多（20 087名）。

进口商数量的增长速度超过了生产人员和加工商：欧洲近5 800个进口商（比2017年增长了8.9%），欧盟有近5 000名（比2017年增长了9.8%），其中德国以1 723个位列第一。

欧洲的有机零售额为401亿欧元（欧盟为374亿欧元）。欧盟是仅次于美国的世界第二大有机产品市场。德国拥有109亿欧元的市场额，位列欧洲第一，世界第二。

欧洲的有机市场增长了7.8%（欧盟为7.7%）。在所有主要市场中，法国的增长率最高（15.4%）。在2009—2018年的10年间，欧洲和欧盟的有机市场总值几乎翻了一番。

2018年欧盟有机进口数据显示，欧盟共进口330万吨有机产品。最大的供应商是中国。

2018年，欧洲消费者在有机食品上人均花费50欧元（欧盟为76欧元）。在过去10年里，人均消费在有机食品上的支出翻了一番。2018年丹麦和瑞士的消费者人均有机食品消费额最高（312欧元/人）。

在全球范围内，欧洲国家的有机食品销售额占其各自食品市场的百分比最高。丹麦是全球有机食品市场份额最高的国家（11.5%），同时也是全球第一个突破10%大关的国家。

7.2.2 有机农业用地

7.2.2.1 有机农业用地

2018年，欧洲有1 560万公顷有机种植土地，欧盟有近1 380万公顷。欧盟集中了欧洲近90%的有机农地。其中，西班牙的有机用地面积最大，占整个欧洲的14%；其次是法国、意大利及德国，他们共同占据了欧洲有机农地的一半以上（图7-2和图7-3）。整个欧洲的有机农地占据了世界的1/5还多，这一数据较前几年有所下滑。欧洲的有机农地一度占据了世界总量的1/4。近年来，由于2017年澳大利亚在有机农地上的强劲增长，欧洲的占比才有所下滑。

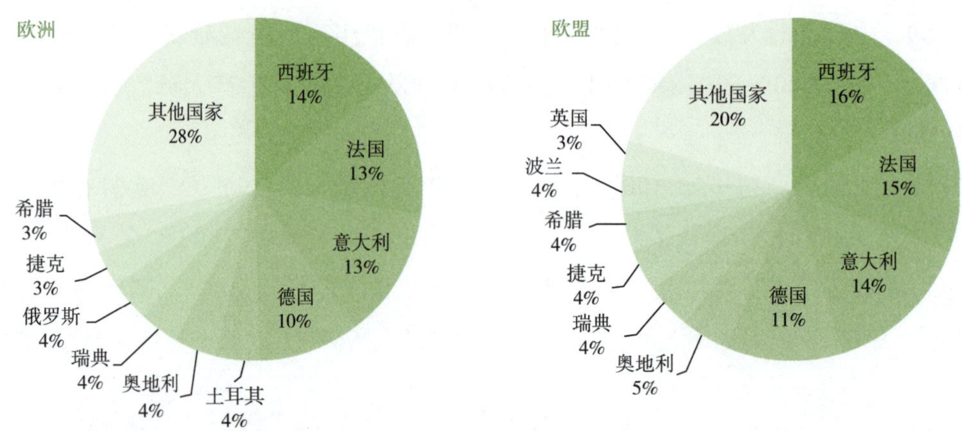

图7-2　2018年欧洲及欧盟各国有机农地（总面积1 560万公顷）分布情况

数据来源：2020年FiBL-AMI调查

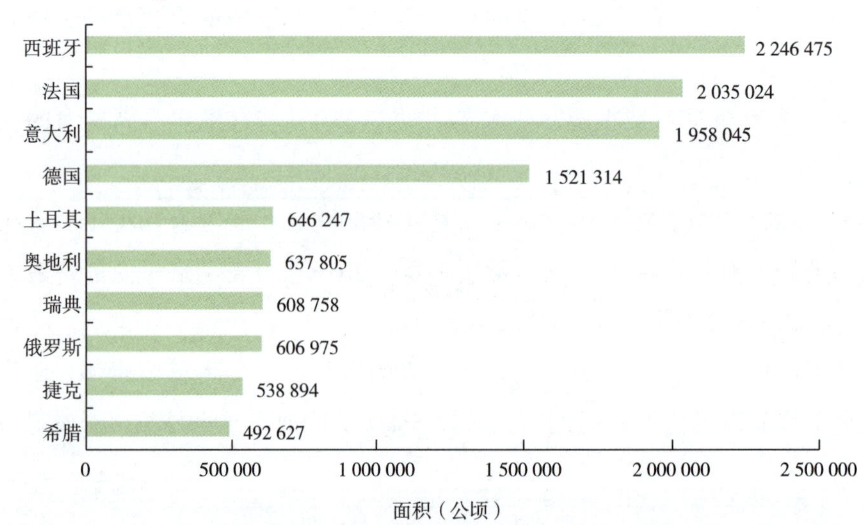

图7-3　2018年欧洲有机农地面积位列前十位的国家/地区

数据来源：2020 FiBL-AMI调查

7.2.2.2　有机农业用地占总农业用地比例

在欧洲，3.1%的农业用地采用有机管理，在欧盟是7.7%。欧洲总共有10个国家有10%（含）以上有机农地，其中有8个是欧盟国家（图7-4）。有机土地占本国总农业用地最高的国家是列支敦士登（38.5%），其次是奥地利（24.7%）、爱沙尼亚（21.6%）和瑞典（19.9%）。列支敦士登同时也是世界上有机农地占比最高的国家。

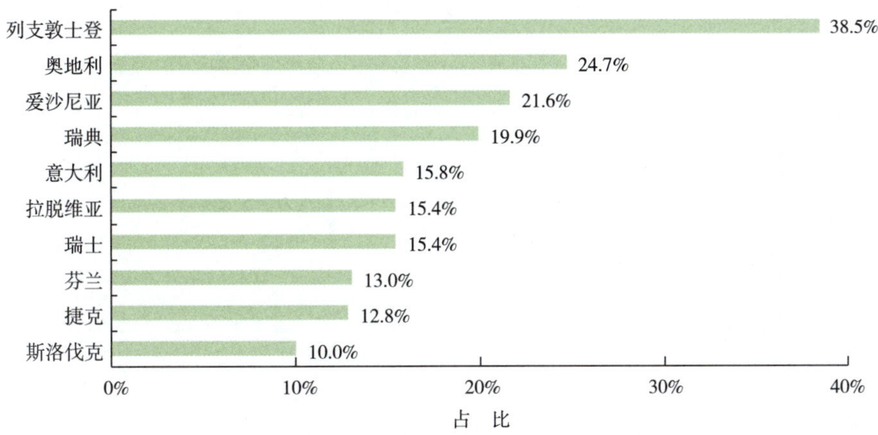

图7-4 2018年欧洲各国有机农地占比位列前十位的国家/地区

数据来源：2020 FiBL-AMI调查

7.2.2.3 有机农地面积的增长

2018年，欧洲的有机农业用地增加了125万公顷（增幅8.7%），其中欧盟国家增加了100万公顷（增幅7.6%），与2015年和2016年的增幅相当，但远高于2011—2014年的增长幅度（图7-5和图7-6）。根据一项国际认证机构的报告，由于俄罗斯的有机农地大幅增加，因此整个欧洲的有机农地绝对增长率高于欧盟国家。

对欧洲增长率贡献最高的国家是法国，其次是西班牙、德国和俄罗斯，共同贡献了近73万公顷的新增有机农地。相对增长率最高的是黑山（64%）、爱尔兰（60%）和北马其顿（52%）（图7-7）。但是，也有一些国家的有机种植面积有所减少，如葡萄牙、英国和波兰。

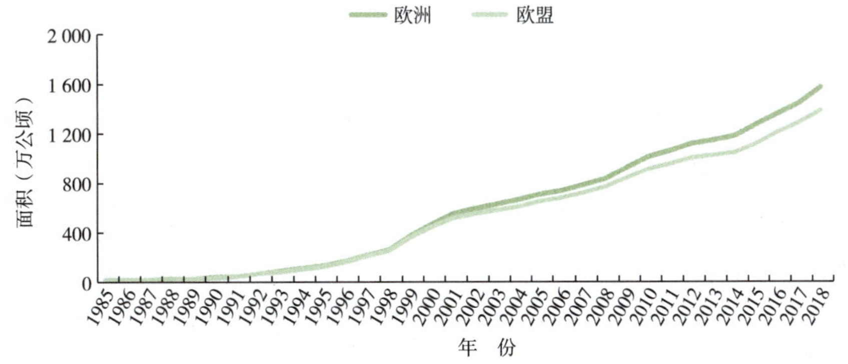

图7-5 1985—2018年欧洲及欧盟国家有机农业用地面积变化

数据来源：2020 FiBL-AMI调查

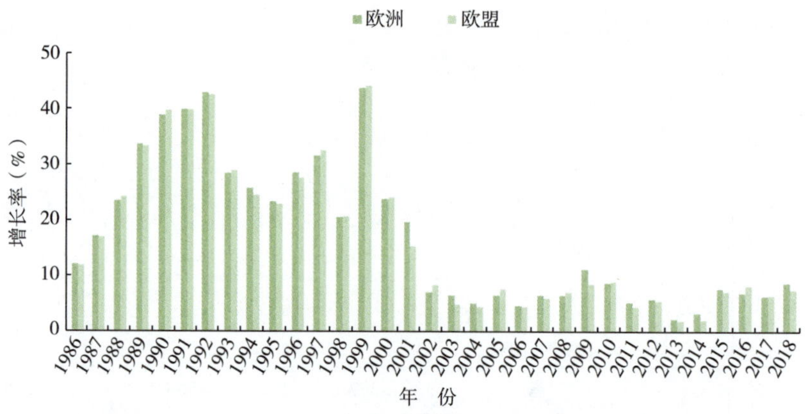

图7-6　1986—2018年欧洲及欧盟国家有机农业用地增长率

数据来源：2020 FiBL-AMI调查

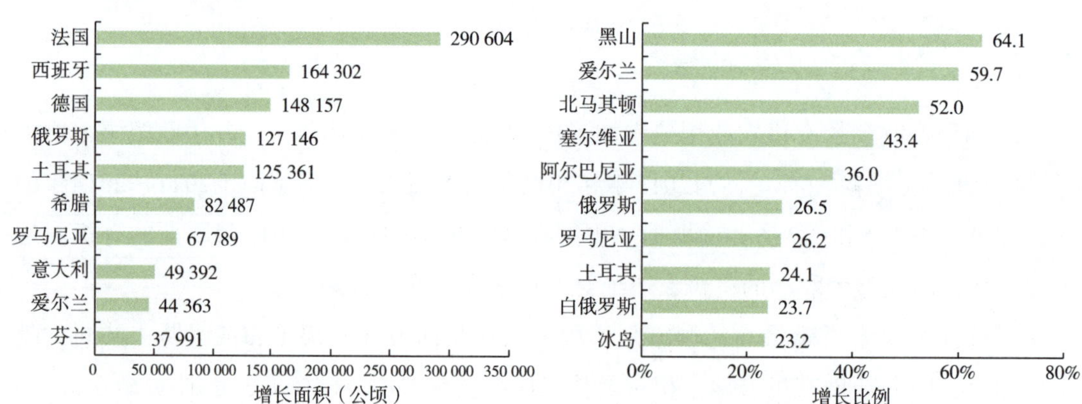

图7-7　2018年欧洲有机农业用地增长面积和比例前十位的国家/地区

数据来源：2006—2020年FiBL-AMI调查

7.2.2.4　转换期有机农地情况

大多数国家提供了本国完全转换及转换期内的土地详细信息，但奥地利、德国和瑞士等少数国家未能提供相关数据。

在欧洲1 560万公顷的有机农业用地中，有至少1 050万公顷已完成有机转换①（欧盟的1 380万公顷中的920万公顷已完成转换），有至少270万公顷土地正在转换中（欧盟有240万公顷）（图7-8）。因此，我们可以预测在不久的将来，有机产品的供应会大幅增加。

① 统计中不包括奥地利、德国和瑞士，因为这3个国家未能提供数据。

就国家来看，西欧和南欧国家转换期土地的面积最大，特别是法国（532 452公顷）、意大利（467 192公顷）、西班牙（316 745万公顷）和希腊（175 874万公顷）。

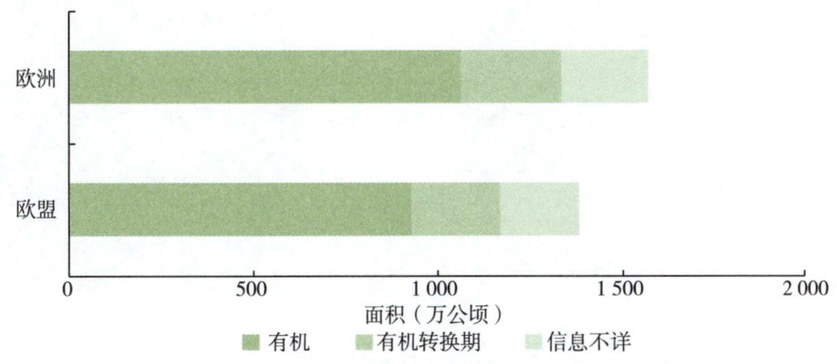

图7-8 2018年欧洲和欧盟有机土地的转换情况

数据来源：2020年FiBL-AMI调查

7.2.3 土地利用和有机农业种植的作物

7.2.3.1 土地利用

欧洲所有国家的土地利用和作物情况均有详细数据，而世界其他地区的这方面数据往往无法获得。在这方面，欧洲与世界的差别相当大。自2004年以来，欧洲所有类型[①]的农业用地面积均稳步增长[②]。

耕地在有机农地中占据相当大的比例（图7-9）。欧洲有750万公顷，欧盟有610万公顷，分别占有机农地面积的48%和44%。由于俄罗斯和乌克兰有大面积生产谷物、油料作物和干豆的土地，欧洲的有机耕地面积更大。永久性草地在欧洲有620万公顷，在欧盟就有600万公顷。欧洲和欧盟分别有170万公顷和150万公顷的有机多年生作物，总共占据了有机农地的11%。根据联合国粮食及农业组织（FAO）非严格可比的数据，有机耕地占欧洲耕地总面积的2.7%（欧盟5.8%）。虽然欧盟的有机牧场在总永久放牧面积中占比高达9.3%，但欧洲的这一数据却较低（3.6%）。多年生作物的有机份额最高：欧盟为12.5%，欧洲为11.4%。

① 主要的土地用途类型有：耕地作物（主要为谷类、新鲜蔬菜、青饲料、干豆、油籽等），永久草地（牧场和草甸），以及多年生作物（果树和浆果、橄榄园和葡萄园）。

② 2004年，FiBL开始收集有机作物和土地使用数据。

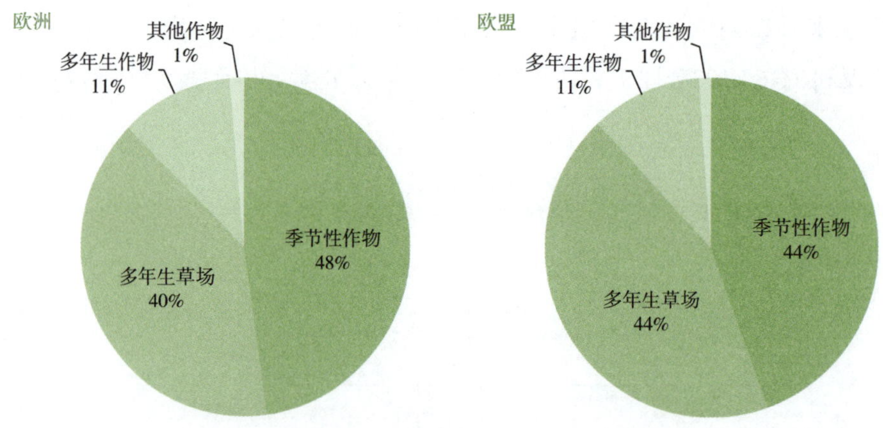

图7-9 2018年欧洲有机土地利用的分布情况

数据来源：2020年FiBL-AMI调查

2017—2018年增幅最大的是耕地面积（欧洲为11%），主要是因为俄罗斯统计的有机耕地面积大幅增加。在欧盟，耕地面积增加了10.5%，草地和多年生作物增加了约6%。在2009—2018年的10年间，耕地和多年生作物的面积几乎翻了一番，增长了50%左右，高于永久性草地的增幅。大面积草地的重要性不断下降，也彰显了有机农业集约化的特点。按国家来看，西班牙拥有最大的永久草场或放牧区，面积超过120万公顷，其次是德国和法国（图7-10）。意大利以140万公顷位列农地面积（即耕地和多年生作物合计）榜首，法国和西班牙分别以130万公顷和100万公顷紧随其后。2004—2018年欧洲与欧盟有机农业土地使用类型增长情况见图7-11和图7-12。

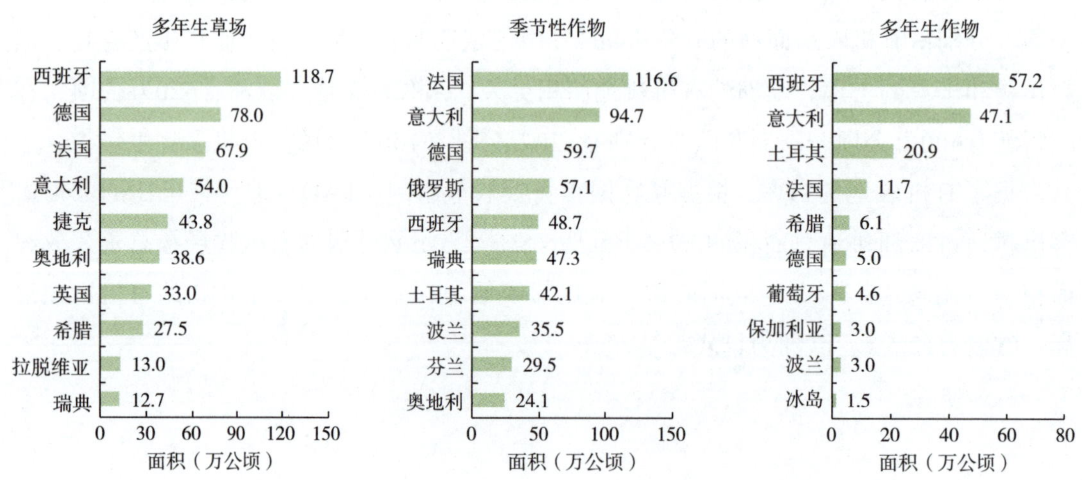

图7-10 2018年欧洲有机农业土地利用前十位国家的情况

数据来源：2020年FiBL-AMI调查

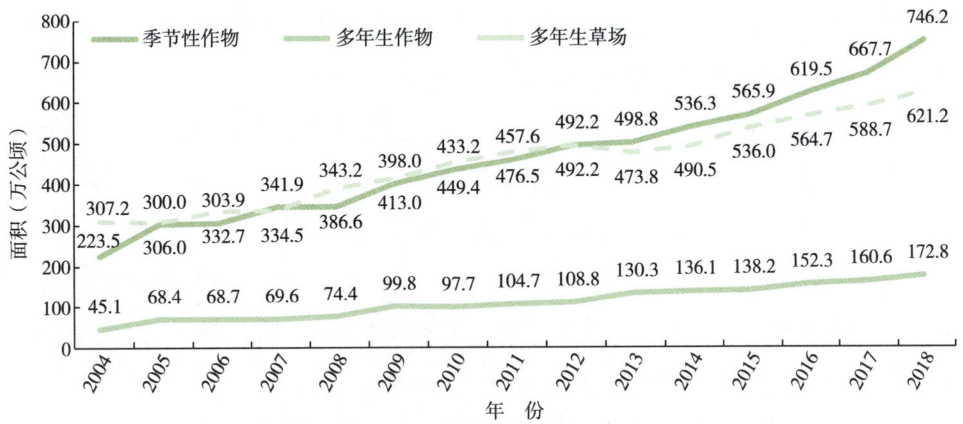

图7-11 2004—2018年欧洲有机农业土地使用类型的增长情况

数据来源：2006—2020年FiBL-AMI调查

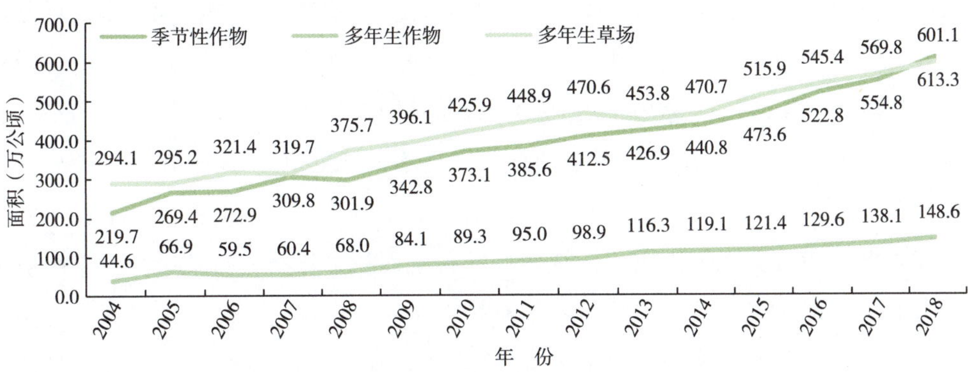

图7-12 2004—2018年欧盟有机农业土地使用类型的增长情况

数据来源：2006—2020年FiBL-AMI调查

7.2.3.2 有机农业种植的作物情况

除热带和亚热带水果种植面积在土耳其有所减少（但是在其他国家均有所增加），柑橘类水果种植面积在意大利有所减少外，欧洲和欧盟其他主要类型的耕地和多年生作物都呈增长态势。

耕地作物

有机耕地（欧洲750万公顷，欧盟610万公顷）的很大一部分用于生产谷物和青饲料，占有机耕地的2/3左右。就有机比例而言，干豆类是最成功的作物；在欧盟，有机干豆类占总干豆类面积的近1/5。在有机农业中，它们对作物轮作和动物饲料很重要，在传统农业中干豆类的消失是因为蛋白质作物被引入动物饲料中，同时轮作也被化肥的使用所取代。在主要作物中，谷物和青饲料的土地面积增长幅度最大。在2009—2018年的10年中，油料作物和干豆类的增长最快，增长了两倍多。

谷物是欧洲最大的作物群，共有260万公顷，占欧洲可耕地面积的2%；在欧盟，谷物是第二大作物群，有220万公顷，占总面积的3.9%。小麦是最重要的谷类作物（100万公顷）。谷物种植面积最大的国家是意大利（约32.6万公顷，包括大面积的硬粒小麦），其次是法国（约31.1万公顷）和德国（约30.2万公顷）。谷物总面积中有机食品占比最高的是奥地利（15.6%），其次是爱沙尼亚（13.8%）和瑞典（11.4%）。除欧盟外，土耳其、乌克兰和俄罗斯也是主要的谷物生产国。

在欧盟，面积最大的可耕地作物组是青饲料，占地250万公顷（欧洲230万公顷）。三叶草、青玉米和耕地上种的草是主要的作物类型。

2018年，欧洲的有机蔬菜[①]种植面积近18.5万公顷，欧盟的有机蔬菜种植面积超过17万公顷，分别占各自蔬菜种植总面积的3.6%和7.2%。有机蔬菜种植面积最大的地区是意大利（60 732公顷），其次是法国（26 363公顷）和西班牙（22 131公顷）。卢森堡（54%）、丹麦（34.6%）、冰岛（30.5%）和奥地利（25.4%）的蔬菜有机比例都很高。

在欧洲有50万公顷的有机干豆类种植，欧盟有44万公顷，占所有干豆类种植面积的很大比例（欧洲8.2%，欧盟18.5%）。其中一个原因是，由于世界市场上用于动物饲料和人类消费的廉价大豆等供应，传统作物的种植面积多年来一直在减少。干豆类的强劲增长及其较高的有机份额也反映出欧洲有机农民们努力提高土壤肥力以减少对蛋白质作物进口的依赖。干豆类种植面积最大的国家有法国（115 599公顷），其次是意大利（50 477公顷）、德国（4.9万公顷）和波兰（42 328公顷）。希腊（63%）的有机食品份额最高，其次是奥地利（59%）和丹麦（58%）。

多年生作物

欧洲的大部分多年生作物用地（欧洲170万公顷，欧盟146万公顷）种植了橄榄、葡萄和坚果。其中橄榄占多年生作物面积的1/3，葡萄占1/5。在2009—2018年的10年中，增长量最大的是葡萄，超过了3倍。在欧洲，橄榄（52万公顷）和葡萄（35万公顷）占了多年生作物用地的一半。两者的有机比例都超过了各自总量的10%。

大多数多年生作物的有机比例高于可耕地作物。然而，应当注意的是，联合国粮食及农业组织（FAO）的数据并不包括有机农业中种植的所有浆果或坚果类型，因此，在总的情况下不能与有机数据直接比较。

西班牙和意大利各有超过10万公顷的有机葡萄种植面积。在意大利，15.9%的葡

---

① 在一些国家，马铃薯被列入蔬菜类。

萄种植面积是有机的，而在西班牙，有机葡萄种植面积占比则为12.1%，再加上法国（12.6%）和奥地利（12.2%）拥有最高的有机葡萄种植比例（除了英国、荷兰和比利时等少数有机葡萄生产者的有机葡萄种植比例更高）。

对于橄榄，意大利和西班牙也处于领先地位（分别为239 096公顷和200 129公顷）。法国（30%）和马耳他（26.5%）的有机比例最高。西班牙的增长最快，其2018年有机橄榄面积增加了超过5 000公顷。

欧洲温带水果的有机种植面积为138 442公顷（欧盟111 006公顷），占温带水果总面积的5.2%（欧盟为8.5%）。部分欧盟国家有很多土地专门种植温带水果（例如，波兰的苹果和波罗的海国家的浆果，两者都用于加工而不在鲜果市场销售）。最重要的水果是苹果（57 298公顷）、李子（16 099公顷）、杏（15 938公顷）和樱桃（15 870公顷）。最大的温带水果生产国是意大利（27 326公顷），其次是法国（21 388公顷）和土耳其（20 609公顷）。拉脱维亚的有机温带水果面积占比最高（33%）。

7.2.3.3 其他有机区域

除了农业用地，还有更多的有机地区。其中大部分是野生采集区，占地1 700万公顷（欧盟1 390万公顷）。欧洲（以及世界上）最大的野生采集区是芬兰，占地1 130万公顷（主要是浆果）。

7.2.4 有机畜禽

到目前为止，有机畜禽的相关统计数据尚不完整，目前无法全面分析整个行业的现状。然而，根据现有的数据来看，欧洲国家有机畜禽行业正处于快速发展阶段。在许多国家中，有机畜牧业的发展始于牛肉、羊肉和牛奶的生产。目前欧洲共饲养485万头牛、590万只羊、近140万头猪和5 650万只家禽。

与某些作物群体相比，畜禽的有机比例仍然很小（0.7%～5.2%），这取决于动物种类。单胃动物（猪和家禽）的比例最低，部分原因是当地有机饲料供应不足，难以提供可追溯的认证饲料进口，对猪和家禽畜舍和围栏的高投入，以及消费者必须支付的高额溢价。由于广泛性的生产计划转换更容易，因此绵羊和牛的有机产品比例最高。同时，并非所有这些有机产品都以溢价在有机市场上销售[①]。

① 就猪和家禽而言，在官方统计数字中，并没有明确区分屠宰量与存栏量，而且在引用“牲畜数量”时，这两者之间的区别也并未清楚说明。因此，将所有国家的猪和家禽的数据相加并不完全可靠，国家数据也不一定具有可比性。这里所提出的数据应当谨慎对待，并且只是对整个情况的一个近似值。

2009—2018年，家禽数量增长最快（128%），部分原因是鸡蛋需求量较高。然而，在此期间的牛肉和奶牛占比也大幅增长（88%）、绵羊（69%）和猪（105%）也同样增长。

对于牛类动物（欧洲有485万头），德国、法国和奥地利的数量最多。在拉脱维亚、列支敦士登、瑞典和奥地利，牛类养殖的有机比例最高（均超过20%）。至于绵羊（总共590万头），数量最多的是希腊、法国和英国。3个波罗的海国家（爱沙尼亚、拉脱维亚和立陶宛）和捷克的有机比例最高（均超过40%）。从欧洲现有的生猪养殖数据来看，德国、丹麦和法国的数量最高。而对于家畜（如猪），由于定义不同，国家层面的数据是不可比较的。

有机牛奶生产是所有欧洲国家均可提供的相关生产指标之一。由于不断增长的牛奶和乳制品需求，有机牛奶的产量自2007年以来几乎翻了一番（图7-13）。2018年欧洲有机牛奶的产量为540万吨（欧盟530万吨），占2018年欧盟牛奶产量的3.4%。

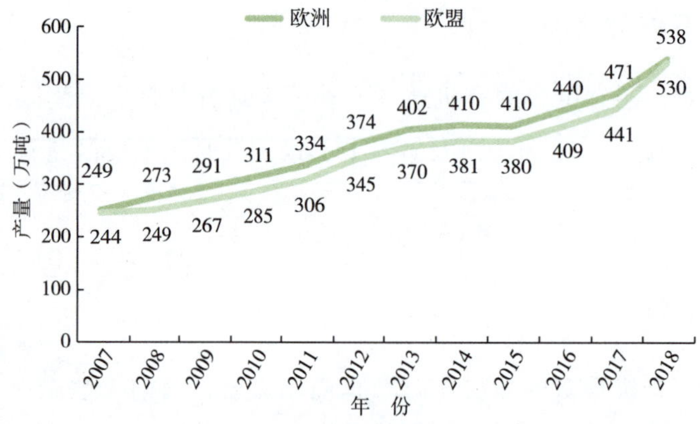

图7-13　2007—2018年欧洲和欧盟有机牛奶生产的发展情况

数据来源：2009—2020年FiBL-AMI调查

7.2.5　生产商、加工商、进口商和出口商

虽然几乎所有国家都能获得有机生产者的数据，但关于加工商和进口商的数据却并非如此，而关于出口商的数据则更甚，尽管数据的可用性正在提高。

7.2.5.1　有机生产者

2018年，欧洲有近41.9万个有机生产者，欧盟则为32.7万多个。在欧盟，生产者最多的国家是意大利（超过6.9万个）；而在欧洲，则是土耳其（超过79 500个）（图

7-14）。欧盟的整体增长势头（增长了7.1%）强于整个欧洲（增长了5.4%），主要是由于法国和希腊生产者数量的大幅增加。在2009—2018年的10年中，欧洲的生产者数量增加了64%（欧盟为56%）（图7-15）。目前，世界上近1/6的有机农民都在欧洲。

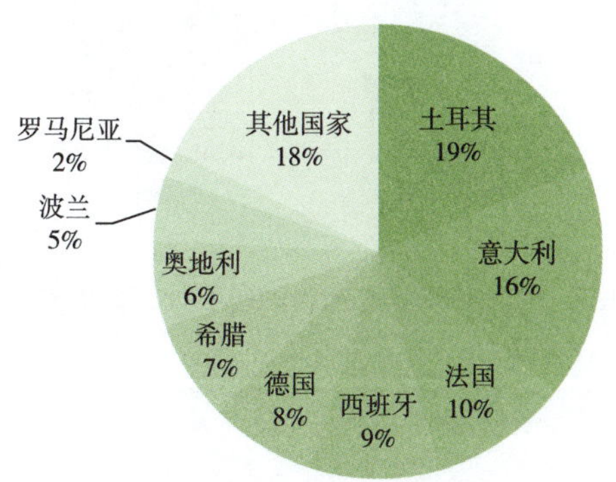

图7-14 2018年欧洲各国有机生产者的分布

数据来源：2020年FiBL-AMI调查

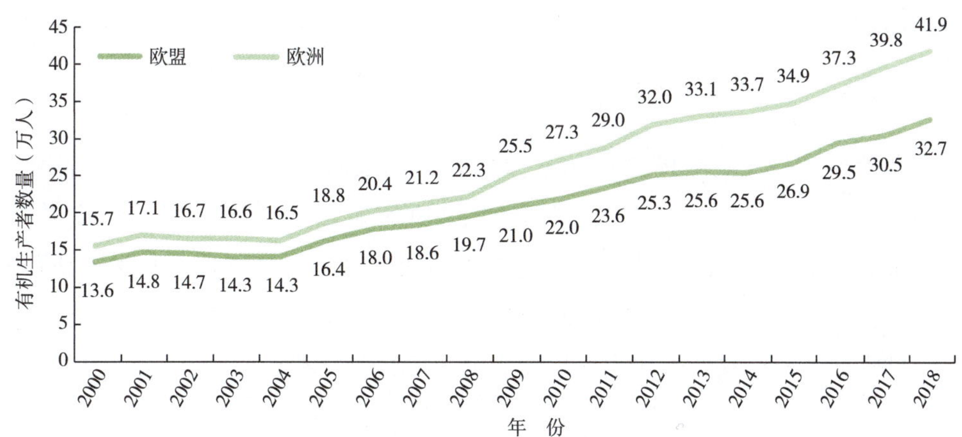

图7-15 2000—2018年欧洲和欧盟有机生产者的发展情况

数据来源：2006—2020年FiBL-AMI调查

7.2.5.2 有机加工商和进口商

欧洲有超过7.55万个有机加工商（与2017年相比增长了5.9%），欧盟有近7.2万个有机加工商（增长了5.5%）。有机加工商数量最多的国家是意大利（20 087个）（图7-16）。

在欧洲有超过5 800个进口商（增长了8.9%），而欧盟有约5 000个进口商（增长了9.8%）。德国是进口商最多的国家（有1 723个）。

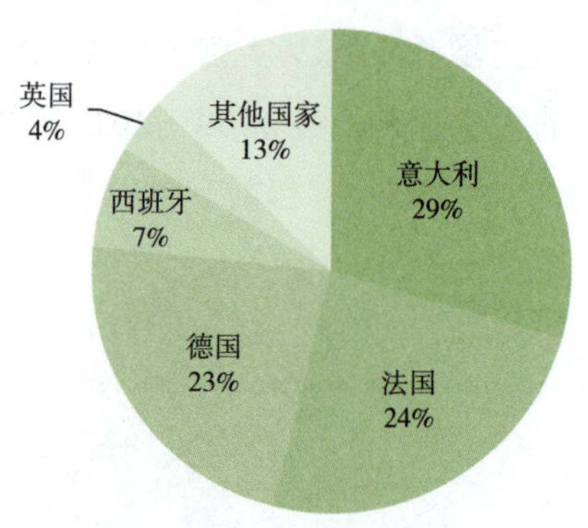

图7-16　2018年欧洲各国有机加工商的分布

数据来源：2020年FiBL-AMI调查

7.2.6　有机产品零售业销售额

2018年，欧洲的有机产品市场增至407亿欧元（欧盟国家374亿欧元）。然而并不是所有的国家都定期提供基于其国内市场的数据，因此可以估计实际的市场要更大。

7.2.6.1　有机产品市场规模

德国仍是欧洲最大的有机产品市场（零售额109亿欧元），是仅次于美国的世界第二大有机产品市场。法国以91亿欧元的零售额居欧洲第二位。从单一市场角度来比较全球有机产品市场，美国占据领先地位：全球的有机产品零售额的42%来自美国（406亿欧元），而欧盟紧随其后（374亿欧元，占比全球39%）（图7-17）。从各大洲的角度来比较全球有机产品市场，北美洲是最大的市场（437亿欧元）。

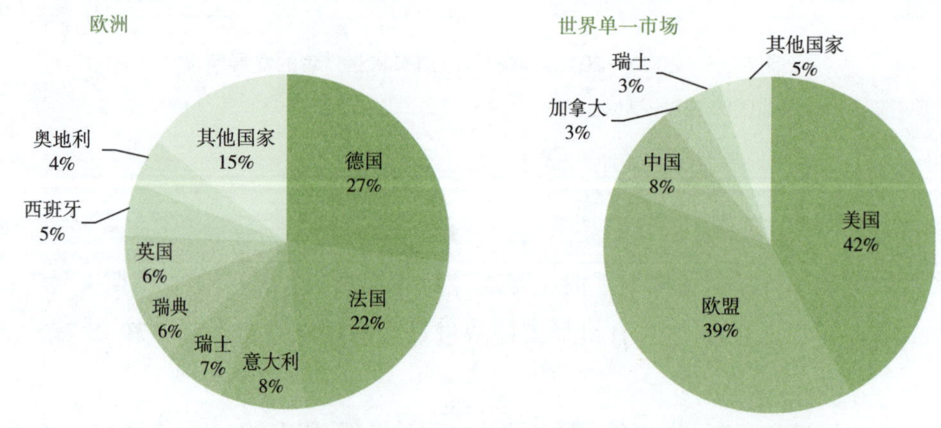

图7-17　2018年欧洲各国零售额和世界单一市场零售额的分布情况

数据来源：2020年FiBL-AMI调查

7.2.6.2 有机市场的增长

有机食品市场在欧洲增长了7.8%（欧盟增长了7.7%）。在2009—2018年的10年间，有机市场的规模增长了两倍多（图7-18）。

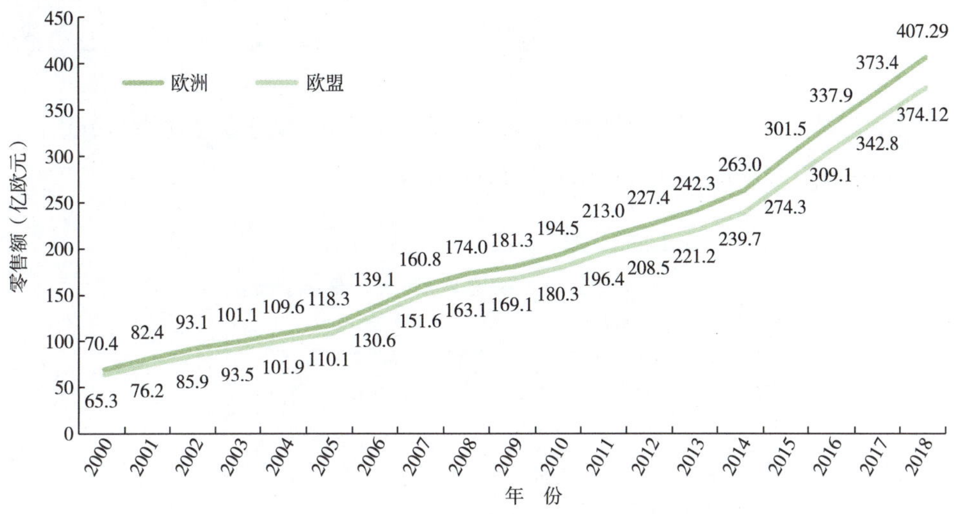

图7-18 2000—2018年欧洲和欧盟有机零售额的发展情况

数据来源：2006—2020年FiBL-AMI调查

所有公布了最新数据的国家都呈现出了增长，许多还是两位数增长。法国市场的增长速度最快，增幅为15%，其次是瑞士和丹麦（均为13%）（图7-19）。

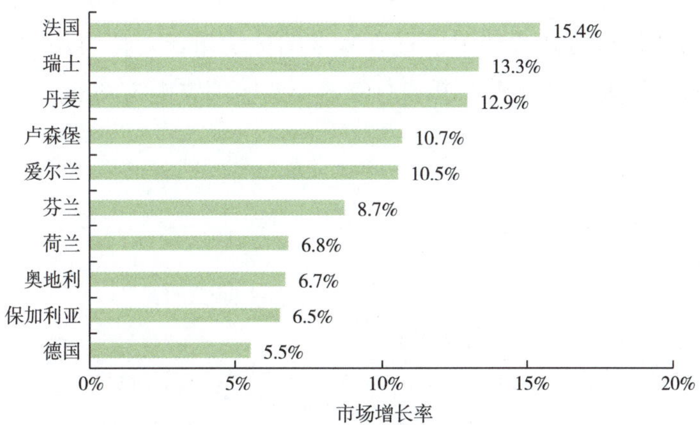

图7-19 2018年欧洲有机市场增长率最高的国家/地区

数据来源：2020年FiBL-AMI调查

英国的零售业销售额之前曾多年下降，但在目前已经连续7年出现增长（2018年增长率为5.3%）。值得注意的是，2015—2017年英国以欧元结算的销售额有所下降，这是英国脱欧公投后英镑汇率下跌造成的。

在其2019—2030年的农业展望中，欧盟委员会预计有机食品需求的增加将在短期内促进欧盟的供应。然而，从中期来看，向有机农业转型的挑战，以及市场向其他环保替代品的进一步转变，可能会减缓有机产品的增长。

7.2.6.3 人均有机产品消费量

和往年一样，人均有机产品消费量最高的国家为瑞士和丹麦（均为312欧元）（图7-20）。2017年，7个国家的人均消费量超过100欧元。

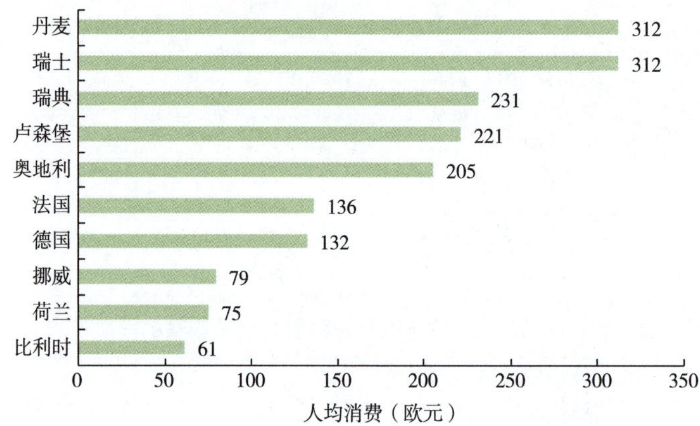

图7-20 2018年欧洲人均消费有机产品前十位的国家/地区

数据来源：2020年FiBL-AMI调查

人均消费的增长很好地表明了消费者兴趣的持续增长，特别是2018年的显著增长（图7-21）。欧洲的人均消费量上升到51欧元，欧盟国家则为76欧元。

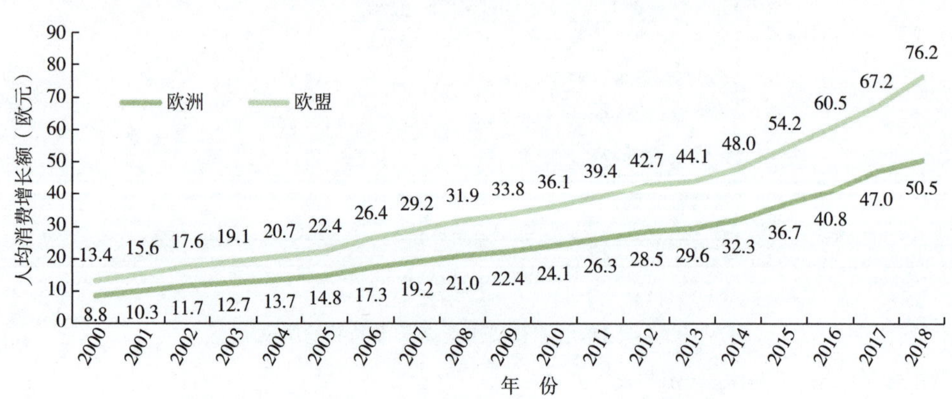

图7-21 2000—2018年欧洲和欧盟有机产品人均消费增长

数据来源：2006—2020年FiBL-AMI调查

在中欧和东欧国家，消费者支出仍然很低。有迹象表明市场目前发展迅速，特别是在波罗的海国家（爱沙尼亚、拉脱维亚和立陶宛）。然而，一些国家缺少零售业数据，也没有定期更新。尽管区域和经营商的数据的可得性以及适用性都很好，但捷克却是该地区唯一具有永久收集零售数据系统的国家。

7.2.6.4 有机市场份额

有机产品在零售总额中所占的份额体现了有机产品市场在某一国家的重要性。同过去一样，欧洲国家中，有机产品所占市场份额最高的是丹麦（11.5%，也是全球有机市场份额最高）、瑞士（9.9%）和瑞典（9.1%）（图7-22）。事实上，许多国家的整体食品市场没有增长，同时食品价格却下降了，这导致有机食品的份额增长得更快。相比之下，单独看某种或者某类有机产品，反而会发现其市场份额会高得多。由于没有欧洲或整个欧盟的零售销售数据，因此无法计算整体的有机市场份额。

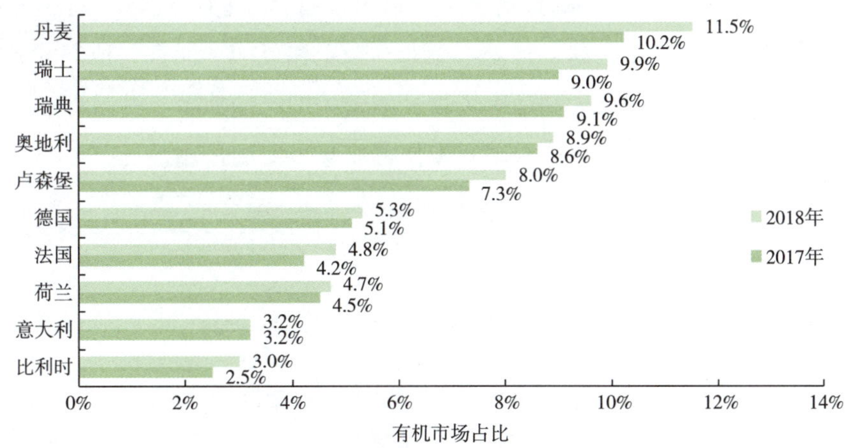

图7-22　2018年欧洲有机市场占比前十位的国家/地区

数据来源：2020年FiBL-AMI调查

7.2.6.5 单一产品与市场整体的比较

虽然有机产品整体的市场总份额是一个重要的指标，但同样重要的是单一有机产品或类别的市场份额。

在许多国家，有机鸡蛋是整个零售市场的成功案例之一，它们在整个鸡蛋市场中占据了令人印象深刻的比例。在丹麦和法国，鸡蛋的有机市场份额高达约30%。

有机水果和蔬菜在欧洲的有机消费者中仍然非常受欢迎。有机蔬菜在市场中的份额仅次于鸡蛋，占瑞士、奥地利、丹麦和瑞典等国所有蔬菜销售额的10%或以上。例如，仅新鲜胡萝卜或新鲜南瓜在德国就占有近30%的市场份额。在瑞典和瑞士，有机乳制品占有机市场份额达到10%或更高。在丹麦，有机牛奶占到有机市场份额的30%。个别产品可以达到更高的市场份额，有机燕麦片（丹麦超过52%）或有机面包涂酱（德国59%）就是很好的例子。

另外，有机饮料（葡萄酒除外）和肉类（尤其是家禽）等产品在许多国家的市场份额很低。在传统市场中，这些产品通常都经过过度加工且价格非常便宜。另一个因素还在于，许多有机食品消费者倾向于少吃肉或不吃肉。

7.2.6.6 有机农业的营销渠道

一些国家有能力通过营销渠道来提供他们的零售额的详细分析数据。在可能的情况下，餐饮销售额的数据还可以从总体有机市场的数据中删除。图7-23表明不同国家的零售销售渠道（不包括餐饮服务/膳食）的重要性有所不同。过去，对于一般零售业表现较为强势的国家（如奥地利、丹麦、瑞典、瑞士和英国）而言，他们的有机市场也会表现出稳定增长。法国和意大利是市场增长强劲的国家的典范，并且即便专业零售商的重要性不断下降，他们依然在这些国家发挥着非常重要的作用。

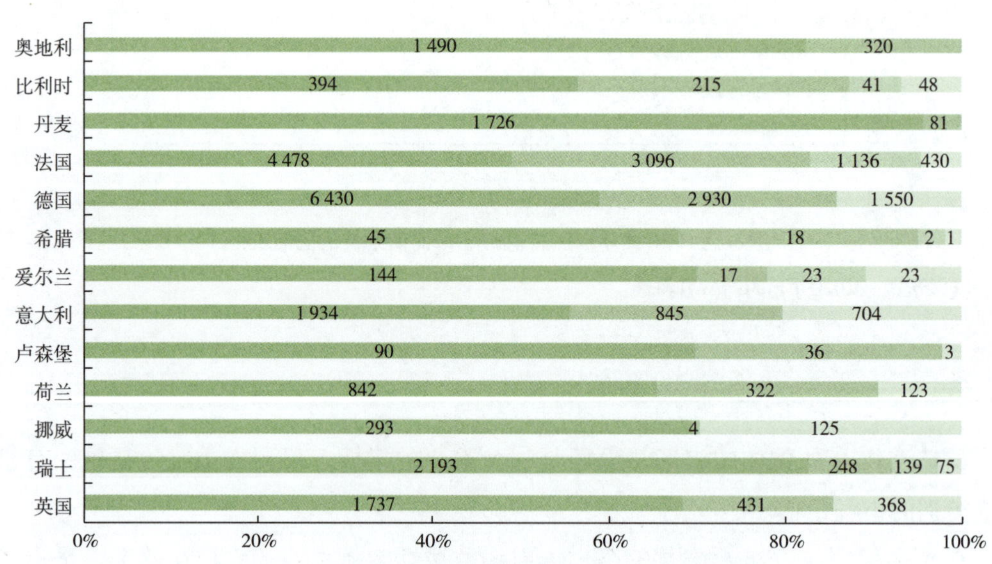

图7-23 2018年欧洲部分国家有机产品的销售渠道

数据来源：2020年FiBL-AMI调查

在德国，超市已经成为市场的驱动力，而专业零售商却面临着越来越多的竞争。2014年，33%的有机产品在有机食品商店销售，而2018年这一数字下降到了27%。

奥地利和瑞士再次蓬勃发展。在这两个国家，食品零售连锁店从一开始就积极参与到有机食品市场的发展中来——两国的市场份额都在80%左右。零售连锁店与有机协会Bio Austria和Bio Suisse有着密切的合作。贸易促进了商标的发展。瑞士的Coop和Migros多年来一直在推动和开发项目，例如关于生物多样性、季节性和长角奶牛的项目。在奥地利，Hofer折扣店在短短几年内将其品牌发展成为奥地利第二大有机品牌，至今已有450种产品。瑞士有机农业研究所（FiBL）根据联合国粮食及农业组织的国际准则，从4个方面的58个标准对返乡农民的可持续性进行评估。

7.2.6.7 有机产品进口

欧盟是全球第二大有机市场，它提供了有机进口数据，首次显示了主要进口产品和主要进口国。2018年，欧盟共进口330万吨有机农产品。进口热带水果（新鲜或晒干）、坚果和香料这三大单一类别的产品，共计793 597吨，占进口总量的24.4%，其次是豆饼、小麦以外的谷类、大米和小麦。中国是欧盟最大的有机农产品供应国，供应量为415 243吨农产品，占欧盟有机进口总量的12.7%。

7.2.7 欧盟委员会对2019—2030年的展望

欧盟委员会在2019年出版的《农业展望2019—2030》中预测：有机产品需求的增长会促进供应，有机产品的需求预计将持续增长直到2030年。

然而，欧盟委员会指出，解决对有机产品的需求已被证明是具有挑战性的，因为农民需要实施不同于常规生产技术，其特点是高度依赖劳动力，并对动物福利和药物使用有更严格的规则。有机产品较高的生产价格并没有系统地抵消生产和转换成本，这导致生产落后于欧盟的需求。尽管存在这些挑战，有机产品的产量在过去10年里强劲增长，高增长率表明有机市场尚未成熟。

产量的年度增长预计将保持强劲，但在展望期的第二阶段（2019—2030年），由于转换的挑战，产量增长可能会更低。市场分化（如零农药标签）也可能拖累有机市场的增长。欧盟委员会表示，到2030年，欧盟有机种植面积将达到1 800万公顷，占农业总用地的10%，这意味着每年土地利用将增长3%。永久牧场和多年生作物的发展预计会放缓，因为有机产品在这些地方已经占据了相当大的份额。这些地区更容易转化为有机系统，因此能够以更快的速度发展。

与牧场和多年生作物相比，有机可耕地作物的产量预计将继续以更快的速度增长，因为产量远远落后于需求，尤其是对饲料的需求。这主要包括谷物、油籽、甜菜和豆类。就这些作物而言，进口弥补了国内供应不足，欧盟新的有机进口统计数据显示了这一点。欧盟委员会表示，尽管产量大幅增长，但由于需求也在增长，对进口的依赖可能依然很高。不在欧盟生产范围内或仅有少量生产的有机产品（如咖啡、茶、热带水果和坚果）进口量预计也会增加。

由于有机饲料的日益普及，预计有机生猪和家禽的产量将显著增加。然而，有机猪的生产实施起来仍然很有挑战性（如户外饲养），预计到2030年，有机猪的产量仍将限制在生猪总产量的2%以内。有机家禽（包括产蛋的母鸡）所占比例可能从目前的2.5%增加至5%。相比之下，有机牛、绵羊和山羊的比例已经很高，但它们的增长速度预计将会放缓。然而，有机奶牛的数量预计将继续以持续的速度增长，这将转化为有机牛奶产量的7%，高于2017年的3%。有机乳制品的增长主要是由有机奶酪产量的增加推动的，而市场已经成熟的有机牛奶产量的增长预计会降低。

7.2.8 结　论

目前在全球和欧洲市场上关于有机农业的现有数据表明，在国际范围内，欧洲有机行业发展得很好。相对较高的农业用地份额，持续增长的面积和运营商的数量，以及一个快速增长的市场，显示了欧洲有机市场和行业的非凡活力。

在过去的几年里，在许多国家，有机市场的增长速度快于生产，而国内的供应仍然不能满足需求。因此，许多有机组织或市场参与者呼吁更多的农民转向有机生产，这些努力的效果现在是显而易见的，产量的增长速度与市场的增速是一致的。现在需要更多的加工设备来加工更多的原材料。

欧盟委员会2019年出版的《农业展望2019—2030》一书中，预计有机需求将促进供应，有机产品的需求预计将持续增长，直到2030年。尽管面临挑战，有机产品的产量在过去10年里强劲增长，高增长率表明有机市场尚未成熟。

数据的可用性和质量仍然是个问题。例如，进出口起着非常重要的作用，但是几乎没有相关的数据存在。丹麦是唯一一个始终提供国际贸易数据的欧洲国家，并按原产国/目的地国和产品分类。因此，一项重大的发展是新的欧洲进口统计数字，显示哪些国家和产品是针对欧盟的主要出口国。这是使全球有机农业生产数据与国际贸易数据进行比较成为可能的重要一步，这可能为潜在的欺诈案件提供重要线索。

此外，虽然国内市场数据的获取性正在改善，但收集这些数据的方法却很多，严格地说，并没有准确的可比性。不同的方法和可用性仍然是挑战。对于许多国家，特别是中欧和东欧国家，零售销售数据不是连续收集的，因此，对有机产品销售的重要性知之甚少。我们建议增加数据（特别是有机市场数据）的可用性和可访问性，统一分类、命名和定义，并提高数据质量。

7.2.9 鸣 谢

本章节以“欧盟研究、技术开发及示范活动第七框架”建立的有机数据网络项目（Organic Data Network）所收集的数据为基础，该项目已于2014年结束①。根据这一项目，我们首次收集到了所有欧洲国家详细的有机市场数据。在此，笔者向所有为本报告中所提供数据做出贡献的人员，尤其是有机数据网络项目的合作人员表达衷心的感谢。

参考文献和扩展资料

Bundesregierung. 2018. Deutsche Nachhaltigkeitsstrategie. Aktualisierung 2018. Berlin[EB/OL]. www.deutsche-nachhaltigkeitsstrategie.de

Council of the European Union. 2007. Council Regulation（EC）No 834/2007 of 28 June 2007 on organic production and labelling of organic products and repealing Regulation（EEC）No 2092/91 OJ L 189，20.7.2007[EB/OL]. http：//data.europa.eu/eli/reg/2007/834/oj

de Porras Acuna，Miguel Angel. 2019. The Contribution of Organic Agriculture to the SDGs：Scientific evidence from comparative research[R]. Workshop at：The Contribution of Organic Agriculture to the SDGs：Scientific evidence from comparative research，Brussels，February 26，2019

European Parliament and the Council. 2018. Regulation（EU）2018/848 of the European Parliament and of the Council of 30 May 2018 on organic production and labelling of organic products and repealing Council Regulation（EC）No 834/2007[EB/OL]. OJ L 150，14.6.2018，p. 1-92. https：//eur-lex.europa.eu/eli/reg/2018/848/oj

European Commission. 2017. The Future of Food and Farming-Communication from the Commission to the European Parliament，the Council，the European Economic and Social Committee and the Committee of the Regions-The Future of food and farming，COM（2017）0713 final[EB/OL]. http：//eur-lex.europa.eu/legal-content/EN/ALL/? uri=COM：2017：713：FIN

European Commission. 2017b. Reflection Paper on the Future of EU Finances，COM（2017）358[EB/OL]. ec.europa.eu/commission/sites/beta-political/files/reflection-paper-eu-finances_en.pdf

---

① 根据第289376号赠款协议，“欧盟研究、技术发展和示范活动第七框架”为“欧洲有机市场信息改善数据网络”（Organic Data Network）项目提供了资金。

European Commission. 2019. EU agricultural outlook for markets and income，2019—2030[EB/OL]. European Commission，DG Agriculture and Rural Development，Brussels.https：//ec.europa.eu/info/food-farming-fisheries/farming/facts-and-figures/markets/outlook/medium-term_en

European Commission. 2019. CAP and development[EB/OL]. The Europa Website. European Commission，Brussels. https：//ec.europa.eu/info/food-farming-fisheries/farming/international-cooperation/cap-and-development_en

Eurostat. 2019. Sustainable development in the European Union. Monitoring report on progress towards the SDGs in an EU context 2019 edition[EB/OL]. Eurostat，Luxembourg. https：//ec.europa.eu/eurostat/statistics-explained/index.php/Sustainable_development_in_the_European_Union

IFOAM EU. 2018. Towards a post-2020 CAP that supports farmers and delivers public goods to Europeans. Avoiding a race to the bottom-An ambitious and better targeted[EB/OL]. IFOAM EU，Brussels. https：//www.ifoam-eu.org/sites/default/files/ifoameu_policy_cap_position_20181009_2.pdf

TP Organics. 2019. Strategic research & innovation agenda for organics and agroecology leading the transition to sustainable food and farming in Europe[EB/OL]. IFOAM EU，Brussels. https：//tporganics.eu/wp-content/uploads/2019/12/ifoam-sria-full-final.pdf

Willer Helga，Rasmussen Ilse A. 2019. International Online Archive Organic Eprints-Current Status[EB/OL]. Research Institute of Organic Agriculture FiBL，Frick. https：//orgprints.org/37003/

European Commission. 2019. EU agricultural outlook for markets and income，2019—2030[R/OL]. European Commission，DG Agriculture and Rural Development，Brussels. https：//ec.europa.eu/info/food-farming-fisheries/farming/facts-and-figures/markets/outlook/medium-term_en

European Commission. 2019. Organic Imports in the EU. A first analysis-Year 2018[EB/OL]. EU Agricultural Markets Briefs. No 14，March 2019. https：//ec.europa.eu/info/sites/info/files/food-farming-fisheries/farming/documents/market-brief-organic-imports-mar2019_en.pdf

Eurostat. 2018. Data tables organic agriculture[EB/OL]. The Eurostat website eurostat.ec.europa.eu Eurostat，Luxembourg. http：//ec.europa.eu/eurostat/data/database.

Eurostat. 2016. Organic crop area on the rise in the EU[EB/OL]. Eurostat News release of October 25，2016. http：//ec.europa.eu/eurostat/documents/2995521/7709498/5-25102016-BP-EN.pdf

Meredith S，Willer H. 2016. Organic in Europe 2016[M]. IFOAM EU，Brussels

Willer H，Schaack D. 2014. Final report on compilation of key organic market data[M]. Research Institute of Organic Agriculture（FiBL），Frick，Switzerland

参考网站

ec.europa.eu/agriculture/future-cap_en：European Commission on the CAP reform

ec.europa.eu/agriculture/organic：European Commission’s organic farming website ifoam-eu.org：International Federation of Organic Agriculture Movements EU IFOAM EU

organic-market.info：Market News and updates：www.organic-market.info

tporganics.eu：European Technology Platform TP Organics

关于数据收集和所涉国家的说明

与世界其他地方一样，欧洲的数据收集是通过多种信息源进行的。然而，我们要指出的是，欧盟统计局（Eurostat）正在不断扩大其在有机农业领域的数据收集工作，有关有机地区、牲畜和经营者的大部分数据都来自欧盟统计局。

本章聚焦于欧洲的有机农业和市场统计，包括：2018年欧盟28个成员国；欧盟候选国和潜在候选国（CPC）（阿尔巴尼亚、波斯尼亚和黑塞哥维那、科索沃、北马其顿，黑山，塞尔维亚、土耳其），欧洲自由贸易协会（EFTA）成员（冰岛、挪威、列支敦士登、瑞士），以及其他欧洲国家（安道尔、白俄罗斯、摩尔多瓦、俄罗斯、圣马力诺和乌克兰）。

以猪和家禽为例，在官方统计数字中，并没有明确区分屠宰量和存栏量，因此，将所有国家的猪和家禽的数据相加并不完全可靠，国家数据也不一定具有可比性。因此，应当谨慎对待相关数据。

在没有公布数据的情况下，使用了专家的最佳估计，但并非所有国家都有新的数据。因此，在某些情况下显示了较早的估计。根据欧洲中央银行（Central European Bank）的数据，各国货币以2018年平均年汇率折算为欧元。由于汇率波动，不可能对非欧元货币的国家进行年度比较。

8 拉丁美洲和加勒比海地区有机农业现状①

8.1 概 述

据报道，2018年拉丁美洲和加勒比海地区有机生产区域的面积有800万公顷，占该地区农业用地总面积的1.1%，占世界有机农地总面积的16%以上。与2017年相比，该地区有机农地面积增加了超过1.3万公顷。自2000年以来，有机农地面积翻了一番（超过400万公顷）。有机农地面积最大的国家是阿根廷，面积为360万公顷（图8-1）。秘鲁作为有机生产者数量最多的国家，有机生产者的数量超过10.3万人。有机农业占农业总面积比例最高的国家为乌拉圭，高达14.9%，其次是法属圭亚那，达到10.1%（图8-2）。

① 本章作者：Jan Travnicek、Bernhard Schlatter、Julia Lernoud和Helga Willer；翻译：杭雪冰；作图：赵惠娟。

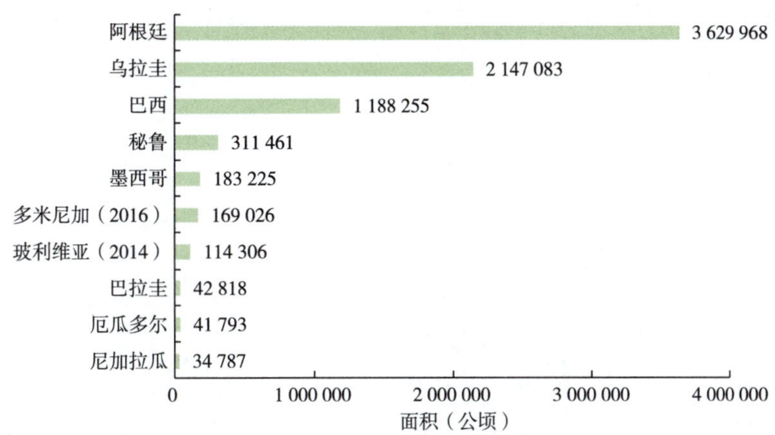

图8-1　2018年拉丁美洲和加勒比海地区有机农地面积位列前十位的国家/地区

数据来源：2020年FiBL调查

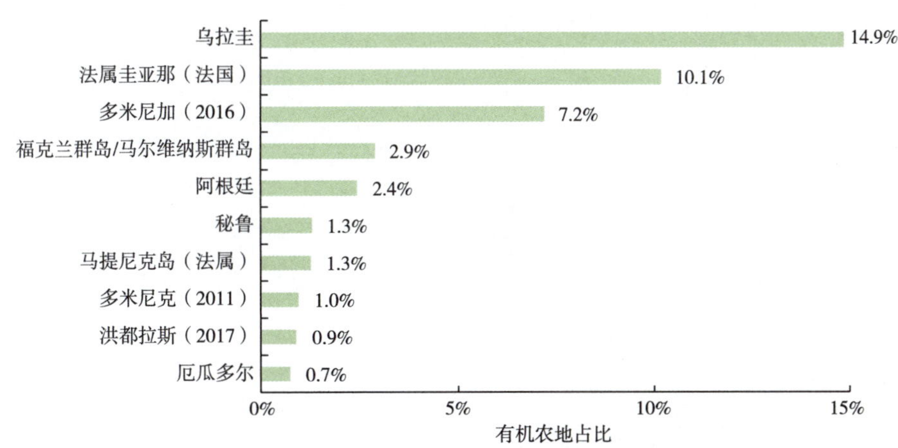

图8-2　2018年拉丁美洲和加勒比海地区有机农地占比位列前十位的国家/地区

数据来源：2020年FiBL调查

8.2　土地利用

1999—2018年拉丁美洲和加勒比海地区有机农地发展情况见图8-3。在该地区所有的有机农地中，我们已获得了其中87%的有机农地利用类型的详细信息（图8-4）。2018年，在该地区全部有机农地中仅有4%的有机农地被用于耕种季节性作物（近33.6万公顷）；同时，几乎有近74%的土地被用作草地/牧区（590万公顷）。多年生作物种植面积多于74万公顷（占该地区有机农地面积的9%），另有13%的农地利用类型尚不

明确。阿根廷（近340万公顷）、乌拉圭（超过210万公顷）和巴西（超过31.8万公顷）拥有该地区最大的多年生草地/牧区。

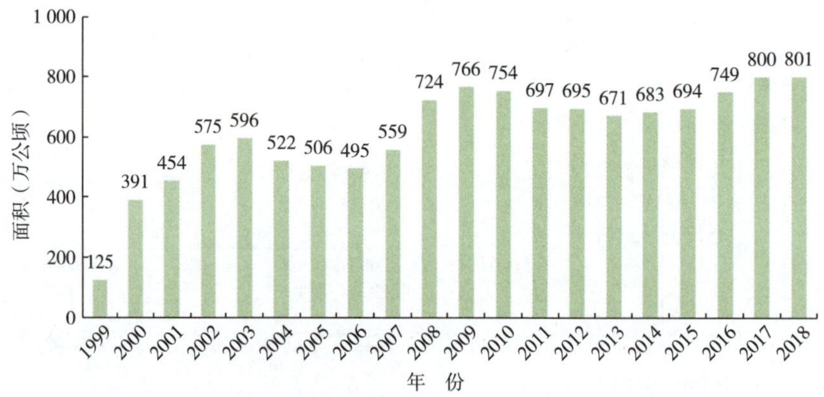

图8-3 1999—2018年拉丁美洲和加勒比海地区有机农地发展情况

数据来源：2001—2020年FiBL-IFOAM-SOEL调查

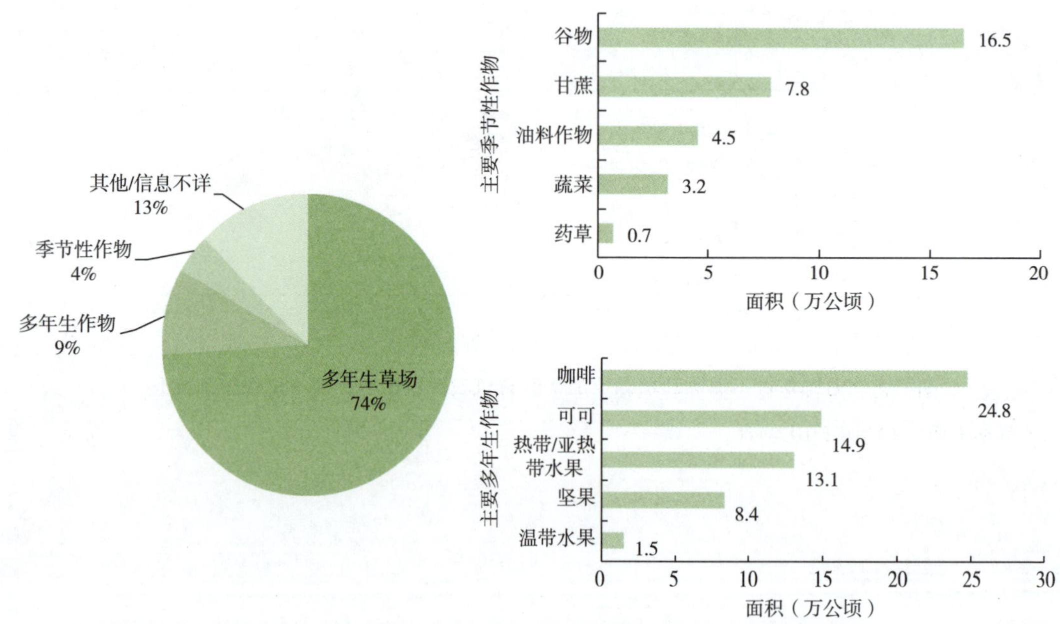

图8-4 2018年拉丁美洲和加勒比海地区有机农业用地情况

数据来源：2020年FiBL调查

在拉丁美洲和加勒比海地区，主要的有机季节性作物是谷物，其面积超过16.5万公顷，占该地区有机季节性作物用地面积的49%，占该地区谷物总面积的0.3%。整个地区的主要有机谷物是藜麦（超过9.2万公顷），有机种植占该地区所有藜麦的53%以上。

2018年有机甘蔗种植面积超过7.8万公顷，占该地区甘蔗种植总面积的0.6%，而且有机甘蔗的主要生产国是巴拉圭（近3.4万公顷）和阿根廷（近1.9万公顷）。

在拉丁美洲和加勒比海地区，主要的有机多年生作物是咖啡（近24.8万公顷）、可可豆（近14.8万公顷）、热带和亚热带水果（近13.1万公顷）。该地区产的有机咖啡占该地区咖啡种植总面积的5%，占世界有机咖啡的48%。拥有最大有机咖啡种植区的国家是秘鲁（超过12.1万公顷）、墨西哥（超过4.4万公顷）和尼加拉瓜（近2.4万公顷）。此外，拉丁美洲的有机可可豆种植面积所占比例为8.7%。拉丁美洲有机可可豆种植总面积占全球比例超过46%，尼加拉瓜是迄今为止有机可可豆种植面积最大的国家，面积超过8.1万公顷，其次是秘鲁（近3.7万公顷）和厄瓜多尔（超过1.5万公顷）。另外，有机香蕉是该地区种植的主要热带水果（种植面积超过7.3万公顷），其种植面积占该区域香蕉种植总面积的3.3%，有机香蕉种植面积最大的国家是多米尼加（超过4.1公顷）和厄瓜多尔（超过1.4公顷），这两个国家有机香蕉的种植面积在该地区有机香蕉种植总面积中所占的比例近3/4。

8.3 生产者

2018年，拉丁美洲和加勒比海地区的有机生产者数量达到近22.8万人。有机生产者数量最多的国家是秘鲁（10.35万人）、墨西哥（超过2.7万人）和巴西（超过1.75万人）。由于许多国家仅提供了农场企业/公司的数量，因此我们可以推测实际生产者数量应该更多。报道的生产者与往年相比有所减少，这是由于墨西哥的数据来源发生了变化。

8.4 野生采集

在拉丁美洲和加勒比海地区，有机野生采集发挥着重要的作用。这个地区有超过340万公顷的有机野生采集区域。该地区的野生采集区域主要用于收集野生坚果（110万公顷）、棕榈芯（超过6.6万公顷）和蘑菇（超过380公顷）。该地区拥有最大有机野生采集区面积的国家是巴西（超过120万公顷，2011年数据）、墨西哥（90万公顷）、玻利维亚（90万公顷，2014年数据）和秘鲁（超过20万公顷，主要是野生板栗）。由于未获得其他多个国家野生采集区域面积的相关信息，因此我们可以推测该区域有机野生采集区域的总面积要多于当前数据所示的面积。

9 北美洲有机农业现状①

9.1 概　述

2018年北美洲的有机农业用地为330万公顷（图9-1），占农业用地总面积的0.8%。有机种植面积较2000年的100万公顷增加了两倍，占全球有机农业用地的5%。2017—2018年，该面积增加了近11.2万公顷（3.5%）。加拿大有近2%的有机农地，美国为0.6%（图9-2）。北美洲共有23 957名生产者，大部分来自美国（超过75%）。

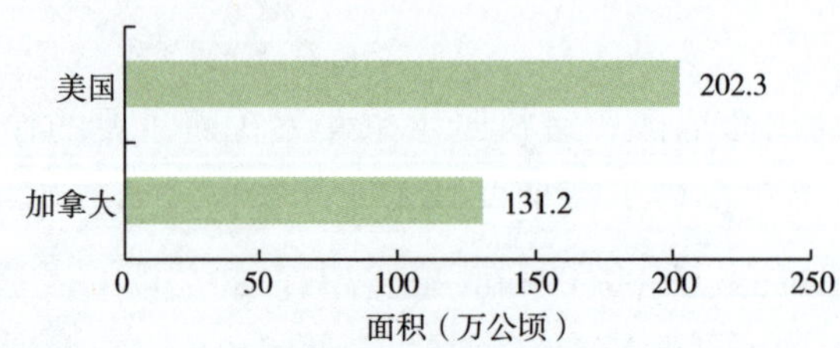

图9-1　2018年北美洲美国和加拿大有机农地面积

数据来源：COTA和USDA

① 本章作者：Jan Travnicek、Bernhard Schlatter、Julia Lernoud和Helga Willer。翻译：倪一丹；作图：赵惠娟。

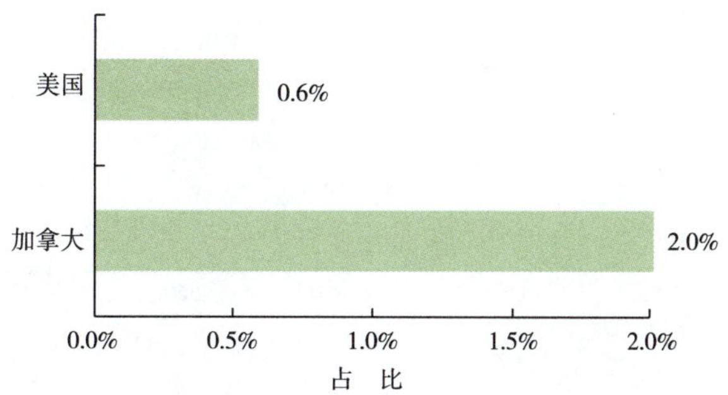

图9-2 2018年北美洲美国和加拿大有机农地占有率

数据来源：COTA和USDA

9.2 土地使用

2000—2018年北美洲有机农地发展情况见图9-3。北美洲几乎所有的有机农业用地的土地使用详细信息均可获得（图9-4）。2018年，只有5%的有机农地用于种植多年生作物（近15.2万公顷），而近44%用于种植季节性作物（近150万公顷），41%（近140万公顷）用于草地/放牧。美国拥有最大的草原/牧区面积，约93.3万公顷，加拿大则超过43.9万公顷。

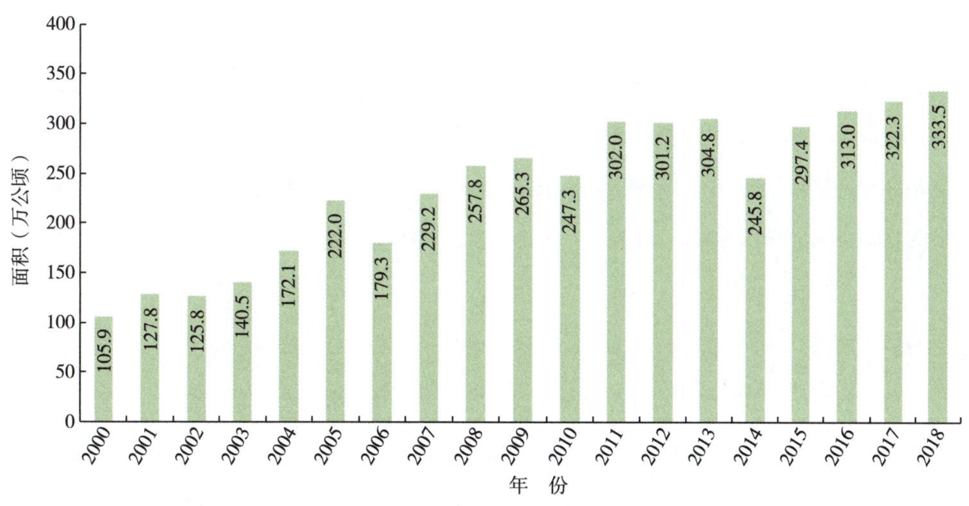

图9-3 2000—2018年北美洲有机农地发展情况

数据来源：COTA和USDA

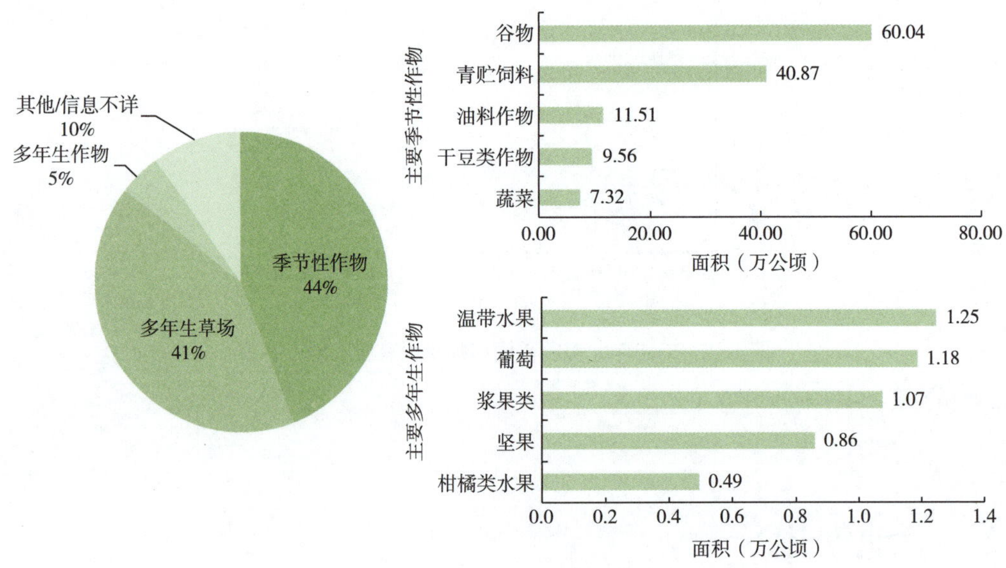

图9-4 2018年北美洲有机农地用途和作物信息

数据来源：COTA和USDA

北美洲主要的有机季节性作物是谷物，面积近60万公顷，占该地区有机耕地面积的41%，占该地区谷物种植总面积的0.9%。美国种植了超过28.1万公顷的有机谷物，加拿大种植了超过31.9万公顷。该地区的主要有机谷物是小麦（超过28.6万公顷），占该地区小麦种植总面积的1.2%。2018年有机蔬菜种植面积为7.3万公顷，占该地区蔬菜总量的8.1%，其中绿叶蔬菜（近2.5公顷）和果菜（超过1.65万公顷）是种植的主要蔬菜。

主要的有机多年生作物是温带水果（近1.25万公顷）、葡萄（近1.2万公顷）和浆果（近1.1万公顷）。有机温带水果占该地区温带水果种植总面积的4.2%。主要的温带水果是苹果、樱桃和桃。主要的有机浆果是蓝莓（超过6 400公顷，占该地区蓝莓种植总面积的10.4%）和蔓越莓（800公顷，占该地区蔓越莓种植总面积的3.3%）。

9.3 生产者

据报道，2018年北美洲有23 957名有机生产者。美国是拥有有机生产者最多的国家，超过1.8万名，而加拿大的有机生产者数量超过5 700名。与2004年的1.1万名有机生产者相比，增长了109%。

9.4 野生采集

遗憾的是，除了4 200公顷野生谷物及300多公顷野生蓝莓外，我们并没有获得美国野生采集区域方面的其他信息，因此可以假设北美洲的有机野生采集面积远大于目前加拿大报告的28 468公顷。

9.5 市 场

2018年，北美洲有机市场持续增长，贸易额达到了437亿欧元。2018年，加拿大有机市场实现了超过3.9%的增长，而美国有机市场增长了1.4%。美国是世界上最大的国家层面的有机市场，而在地区层面上北美洲则依旧是全球最大的有机市场区域。2018年，美国的有机产品人均消费为125欧元，而加拿大人均消费为84欧元。2018年，加拿大报告的零售总额中有机销售份额为2.6%，而在美国，有机销售份额为5.7%。

10 大洋洲有机农业现状①

10.1 概　述

2018年，大洋洲有机农业用地面积为3 600万公顷，占该地区农地总面积的8.6%。世界上有一半的有机农业用地位于大洋洲。自2000年以来，有机生产面积增加了7倍（530万公顷）。2017—2018年，大洋洲的有机农地面积增加了10.5万多公顷，涨幅超过0.3%，这主要归功于澳大利亚有机农业用地面积的大幅增长（将近4.3万公顷，增长了0.1%）。其他国家，如巴布亚新几内亚（超过3.6万公顷，涨幅近262%）和斐济（超过2.45万公顷，增长了148%）也实现了重要的增长。大洋洲有机农业用地面积最大的国家是澳大利亚，面积为3 570万公顷（图10-1）。萨摩亚是有机农业用地占比最高的国家，有机耕种面积占总耕地面积的34.5%，其次是澳大利亚，占8.8%（图10-2）。1999—2018年大洋洲有机农地发展情况见图10-3。

① 本章作者：Julia Lernoud、Helga Willer和Bernhard Schlatter；翻译：姚蕾；作图：赵惠娟。

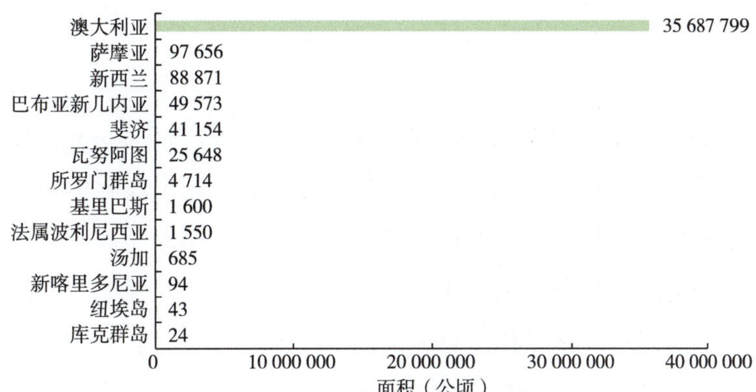

图10-1　2018年大洋洲国家/地区有机农地面积

数据来源：2020年FiBL调查

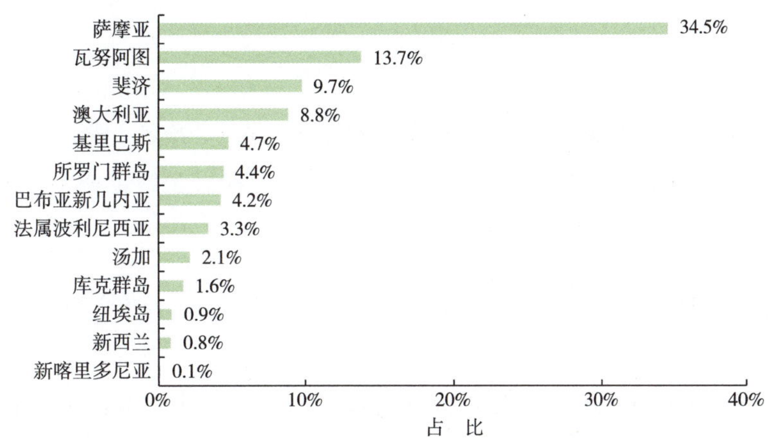

图10-2　2018年大洋洲国家/地区有机农地占比

数据来源：2020年FiBL调查

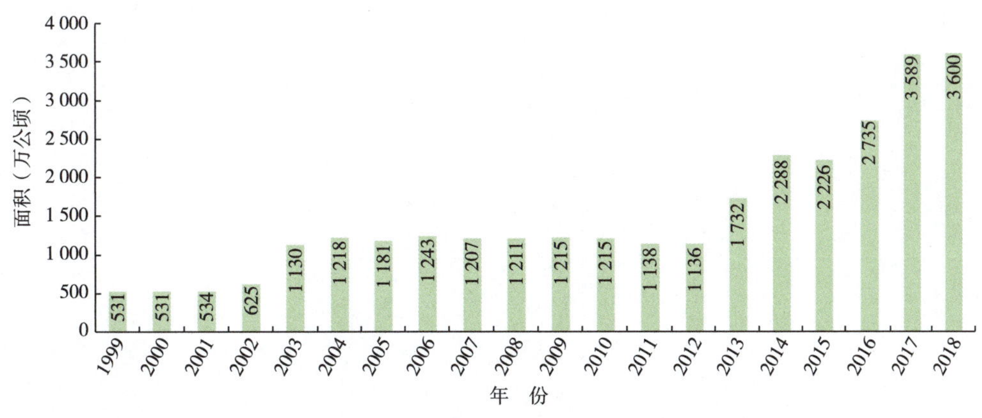

图10-3　1999—2018年大洋洲有机农地发展情况

数据来源：2001—2020年FiBL-IFOAM-SOEL调查

10.2 土地利用

据估计，2018年，大洋洲有机农地中近96%为草原/放牧区（3 470万公顷，主要在澳大利亚）。作为大洋洲国土面积最大的国家，澳大利亚的土地使用相关具体数据暂时无法获得，但是我们已经得到了其他国家的相关数据。根据现有数据，我们可以假设多年生作物在太平洋地区发挥着重要作用。椰子是太平洋群岛中种植面积最大的商品作物（近12.7万公顷，占该地区椰子种植总面积的24%），主要用于生产椰油。此外，咖啡的种植量也非常大（超过2.4万公顷）。

10.3 生产者

该地区有近2.1万名有机生产者，主要集中在巴布亚新几内亚（近1.28万名生产者）、萨摩亚（超过2 000名生产者）和澳大利亚（超过1 800名生产者）。自2006年以来，越来越多的国家提供了相关数据，这使得大洋洲生产者的数量增加了近两倍。

10.4 市　场

2018年，该地区的市场销售额总值接近14亿欧元。澳大利亚报告的市场销售额为12亿欧元，新西兰的市场销售额则为1.55亿欧元。目前，我们尚未获得大洋洲其他国家的相关数据。另外，澳大利亚的年人均有机消费额为49欧元，而新西兰则为33欧元。

11 全球有机展望——提升数据质量、与民众互动并实施明智的政策[①]

11.1 概　述

可靠的数据是有机农业发展的基础，所以历年的《世界有机农业概况与趋势预测》数据年鉴才如此重要。面积、销售量和营业额等很重要，但也只能说明一部分事实。同样重要的是我们研究数据的大环境，毕竟我们处理数据的环境和对于数据的叙述方式也都在不断变化。

① 本章作者：Louise Luttikholt；翻译：姚韫喆。

11.2 不断提高的社会意识

在德国国际绿色周上举行的“我们受够了（We Are Fed Up）”游行示威、“未来星期五”游行示威以及对亚马逊森林火灾发起的抗议活动都表明，民众不希望沦为坐在一边的消费者。他们关心环境，并希望为子孙后代保护环境。

考虑到地球的现状，我们不希望再讨论诸如“有机可以养活世界吗？”之类的问题了，如果一定要提问的话，我们应该思考为什么工业化的农业不能养活世界呢？相反，我们应该强调什么方法是有效的，即建立一个可以为所有人提供充足且有营养的食品、可以最大限度地减少对环境的影响，同时可以让食品生产者也过上体面生活的粮食系统。粮食系统应当造福于公共利益，为实现可持续发展目标做出积极贡献，并帮助人类在地球上得以生存。在该层面上，有机农业被证明是有价值的政策决策工具，因为它在不增加“公共灾害”的同时平衡和优化了“公共利益”。

11.3 需要克服的挑战

当我们看到研究经费被用在研究“假设某某国家转换为100%有机，那么温室气体（GHG）排放会如何发展”这一类问题上时，是令人沮丧的。这些研究建立在肉类消费和食品废弃物等所有条件保持不变的假设条件上，并得出以下结论：由于有机产品的采收量较少，因此需要进口产品，从而增加了温室气体的排放。这些研究完全没有考虑到有机生产对生物多样性或水环境的影响。相反，研究经费应该用于研究如何改善有机实践（当然实际的改进仍然是需要的）以造福所有农民和所有消费者。

11.4 至关重要且可行的明智政策

考虑到农业和食品相关政策对农业和商业行为、成本、价格和消费者选择等方面的影响，它们既能让我们固步于此，也可以为更好地实现可持续性铺平道路。出版物《有机农业推动的全球农业可持续发展》（*Sustainability in Global Agriculture Driven by Organic Farming*）展示了明智的政策如何促成向真正的农业可持续性转变。

幸运的是，从竞争到合作的转变已经开始。联合国机构逐渐认识到农业生态学作为一门科学、一项实践和一项社会运动，它有助于使农业和粮食系统更具可持续性。在

2019年10月世界粮食安全委员会的粮农组织会议上，代表国对“扩大农业生态”的倡议表达了绝对的支持。除了美国等少数国家，世界各国领导人对有机带来的多方面利益表示理解。

同时，各国人民以选民的身份和诚实的对话推动了这一转变。他们了解当前使用化学投入品的农业模式对环境造成的弊大于利。许多人感到困惑的是，相比于保护自然环境和资源、为社会造福的行为，那些破坏环境、剥削人类和对健康产生负面影响的行为反而在经济上更容易获利。

11.5 吸引新受众

我们很荣幸可以通过诸如“Honest Food”（诚信食品）之类的全球运动来支持这些社会性对话。这项运动强调了“Honest Food”是没有什么可以隐藏的食物，同时也是我们可以接触到那些尚未支持有机的人们的渠道。通过清楚地表达有机农业的积极贡献，我们可以建立新的合作伙伴关系，并且一起帮助人们认识为何有机农业是环境解决方案的一部分。

12 中国有机产品的发展概况①

2006年9月，由认监委开发的中国食品农产品认证信息系统正式运行，并利用其作为食品农产品认证信息采集、发布的平台，该信息系统运行以来得到了广泛关注，相关执法部门、境内外食品农产品采购商与获证企业都已将该信息系统作为主要的信息来源，中国主要是通过有机认证制度对有机生产企业进行管理和监督，由获得认监委批准的认证机构对生产企业进行有机产品认证，并将获得认证的有机产品信息上报到中国食品农产品认证信息系统。本章中的数据来自《中国有机产品认证与有机产业发展2019》。

12.1 有机产品认证

截至2018年12月31日，中国境内共有12 226家生产企业获得了中国标准的有机产品认证证书18 955张，以初级产品为主，其次是加工类，畜禽和水产类产品证书偏少（图12-1）。

① 本章作者为乔玉辉、张友廷，由于《2020年世界有机农业概况与趋势预测》英文原著中对中国有机农业部分介绍不详尽，为方便读者比较研究国内外有机概况，故对中国部分做了增补。

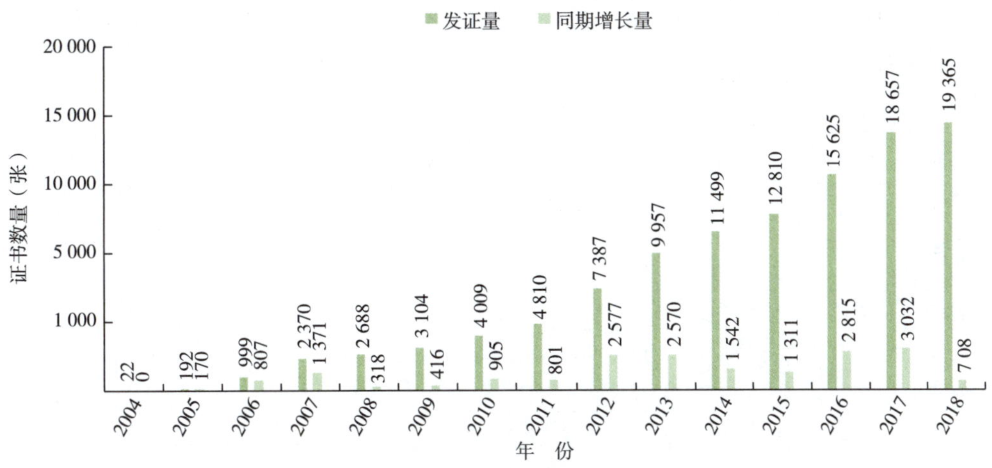

图12-1 2004—2018年中国有机产品认证证书

12.2 有机生产者

过去一直没有对中国有机生产者人数的准确统计，因此有人简单将认证企业数等同于生产者人数，不到20 000个。实际上仅仅按种植业来算，根据青贮饲料、谷物、豆类与油料、水果与坚果、蔬菜等不同类别的有机种植面积，以及相应的人工数量可以估算出大概有196万名生产者，再加上养殖以及加工环节的人数，中国的有机生产者人数预计在200万名左右，仅占中国人口总数的0.14%。

12.3 有机种植

中国境内有机种植面积从2005年的46.4万公顷，增长到2018年的313.5万公顷（不含野生采集，仅占农用地的0.85%）。2015年中国有机生产面积有所下降，2015年之后有机作物的种植面积有了大幅上升，2018年相比于2017年增加了4%。随着种植面积的增加，产量也不断增加，2018年的有机产品产量达到1 298.6万吨（图12-2）。

12.4 有机养殖

2018年畜禽及动物生产中，羊、牛、猪是主要的养殖家畜，有机羊近321万只，有机牛近88万头，有机猪近24万头（仅占同期中国生猪出栏总量的0.035%），家禽中有机鸡近151万只。

图12-2　2005—2018年中国有机作物种植面积及产量变化趋势

2018年有机家畜的总产量为34.81万吨，有机牛的产量为23.88万吨，有机羊的产量为6.89万吨，有机猪的产量为2.23万吨，有机鸡的产量为1.15万吨（图12-3）。

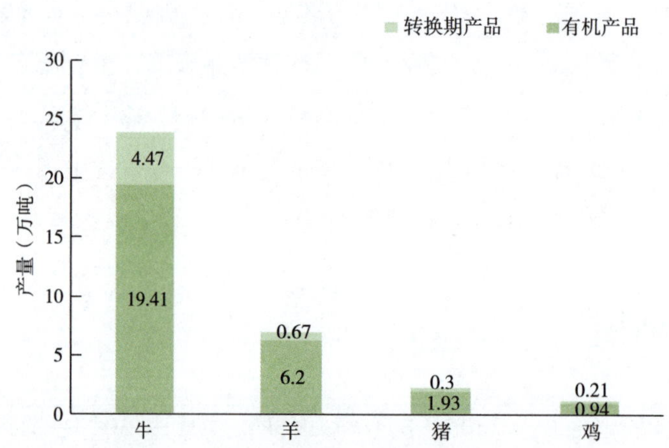

图12-3　2018年中国有机家畜和家禽生产状况

12.5　有机加工产品

2018年有机加工产品总产量为484.4万吨。在总加工产品中，谷物磨制品产量最高，为150.6万吨，占总有机加工产量的31.1%；其次是饮料，产量为66.5万吨，占总产量的13.7%；排在第三位的是经处理的液体乳和奶油，产量为57.9吨，占有机加工总产量的12.0%。前三类产品的产量占有机加工产品产量的56.8%（图12-4）。

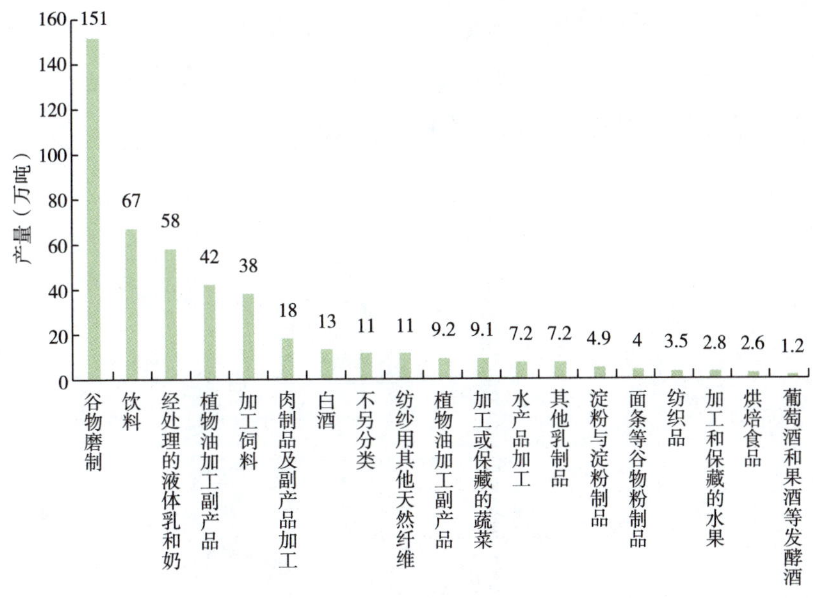

图12-4　2018年中国有机加工产品生产情况

12.6　境外按中国标准认证情况

2013—2018年在境外实施中国有机标准认证涉及的国家和地区由12个发展到41个，获证企业数由51家发展到206家，证书数量由101张发展到410张，认证企业和证书数量约增加了4倍（图12-5）。

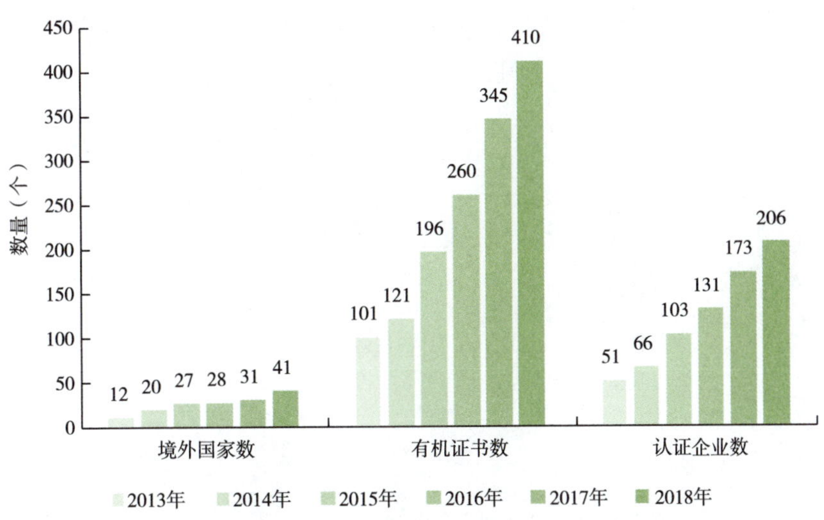

图12-5　2013—2018年境外认证国标有机产品的国家、证书及企业数量

2018年获得证书数量最多的国家是美国（53张），其次是意大利（51张）、奥地利（50张）、澳大利亚（27张）、西班牙（22张）、丹麦（21张）、韩国（20张）、新西兰（19张）、德国（18张）和法国（16张）（图12-6）。

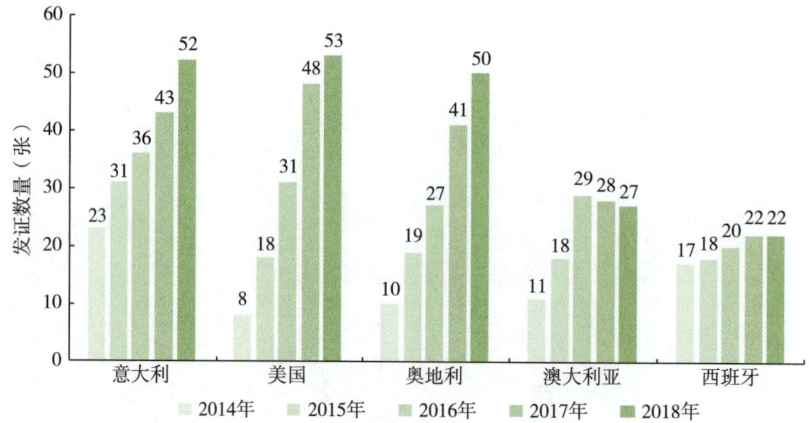

图12-6　2014—2018年境外颁发证书数量前五位的国家

2018年中国有机产品境外认证总面积为75.7万公顷（含牧场面积），比2017年减少25.6%，其中澳大利亚认证面积达到26.9万公顷（35.5%），其次是奥地利23.6万公顷（31.2%）、德国5.9万公顷（7.8%）、丹麦5.6万公顷（7.4%）、巴西4.5万公顷（5.9%）（图12-7）。

2014—2018年在境外认证产品的水果、豆类及其他油料作物出现急剧下降状况，谷物和制糖作物的认证面积逐年上升。谷物、蔬菜、制糖作物等的产量呈现增加的趋势。制糖作物和经处理的液体乳或奶油的认证产量近3年稳居前三，2018年认证产量持续增长的制糖作物产量达到380.5万吨（表12-1）。

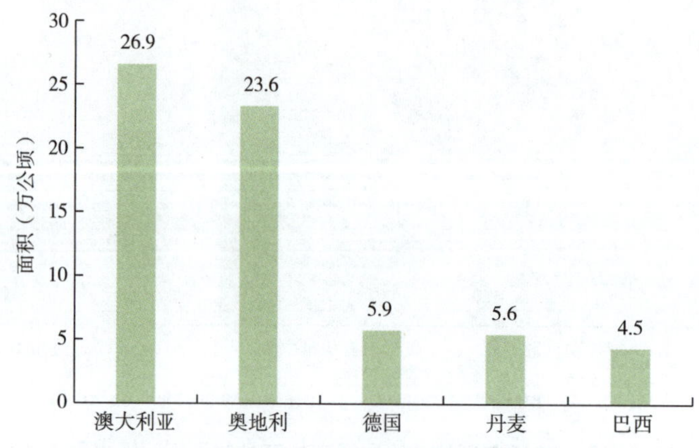

图12-7　2018年境外认证面积前五位的国家

表12-1　2014—2018年境外有机产品生产情况

产　品	面积（万公顷）					产量（万吨）				
	2014年	2015年	2016年	2017年	2018年	2014年	2015年	2016年	2017年	2018年
谷　物	0.1	0.4	0.4	0.6	2.5	0.3	1.1	1.1	2.7	12.0
蔬　菜	0.0	0.0	0.3	0.4	0.4	0.4	1.1	1.3	1.0	6.0
水果	18.5	18.8	0.5	15.1	1.1	12.9	16.5	5.6	9.7	9.7
豆类及其他油料作物	0.0	0.0	0.6	8.2	1.8	0.0	0.1	3.1	2.2	7.2
制糖作物	2.1	4.0	4.2	4.3	4.6	153.6	308.0	319.0	358.6	380.5
茶	0.0	0.0	0.0	0.0	0.0	0.3	0.0	0.3	0.3	0.3
其他类植物	0.0	0.1	1.8	1.2	1.8	0.0	1.3	15.7	16.0	18.9
肉　牛	—	—	—	—	25.2	0.0	0.0	0.0	0.3	0.3
奶　牛	—	—	—	—	—	0.3	0.1	0.0	0.1	0.8
经处理的液体乳或奶油						9.3	8.2	10.5	23.1	25.3
其他乳制品			29.3[1]		38.5[1]	59.2	62.9	72.5	2.7	191.7
加工和保藏的水果和坚果	—	—	—	—	—	0.7	1.1	0.5	0.5	0.9
植物油加工	—	—	—	—	—	0.7	0.7	1.7	1.7	4.1
谷物磨制	—	—	—	—	—	0.4	0.9	1.5	1.4	2.0
酒　类	—	—	—	—	—	2.4	3.2	147.7	172.4	146.6
其他加工产品	—	—	—	—	—	9.2	21.3	25.9	15.1	28.2
合计	20.7	23.3	37.2	29.8	75.7	249.8	426.5	606.4	607.8	834.6

注1：牧场面积。

12.7　中国按境外有机标准认证情况

2014—2018年，按照国外有机标准生产的有机产品的认证面积范围为70万～130万公顷，其中2018年认证面积为131.5万公顷，认证总产量为573.8万吨，产量相比于上年降低了34%（图12-8）。

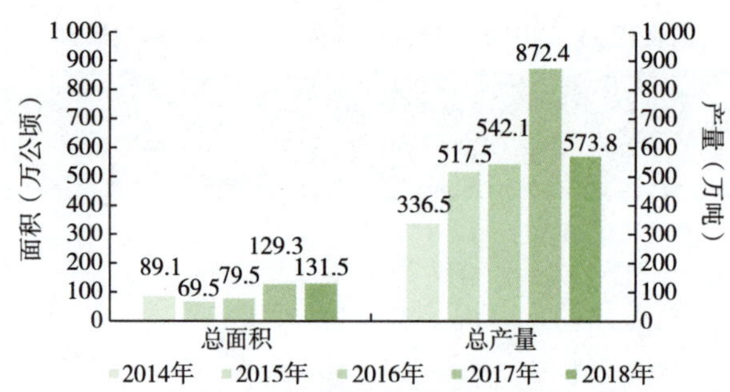

图12-8　2014—2018年按境外标准进行有机产品生产情况

12.8　产值与市场

除了2012年有机产品产值有所下降外，中国有机产品产值总体上呈现逐年上升的趋势，这主要是因为2012年有机标准和认证规则进行了修订，更加严格。2018年中国有机产品产值增加了329亿元，同比增长25%，达到1 666亿元（图12-9）。

图12-9　2011—2018年中国有机产品产值变化趋势

值得注意的是，2018年中国有机产品标志备案数量为19.1亿枚，相比2017年减少了0.7亿枚，这可能与整个大的经济形式和国际贸易背景有关系（图12-10）。

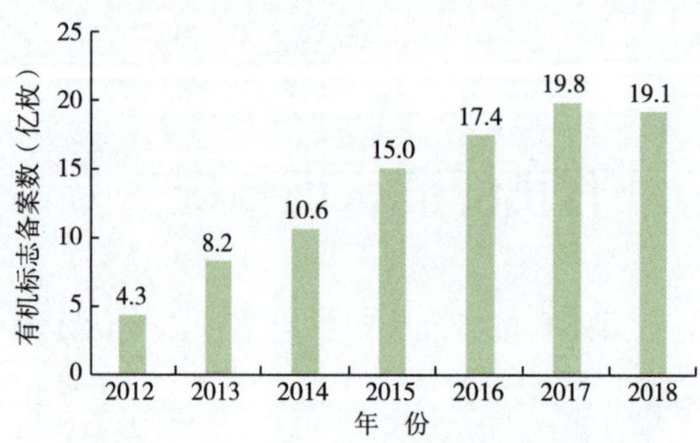

图12-10　2012—2018年中国有机标志备案情况

2018年灭菌乳有机标签数量发放最多，达11.39亿枚，发酵乳的有机标志备案数为0.98亿枚，相比2017年减少约0.2亿枚。白酒的有机标志备案数量为0.82亿枚，相比2016年增加了0.06亿枚（图12-11）。

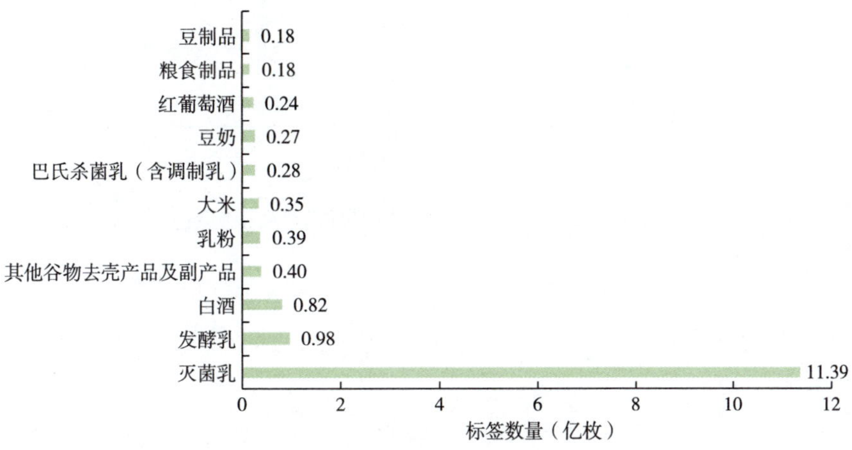

图12-11 有机加工产品标志种类

2018年中国有机加工产品的销售额为596.3亿元。其中白酒的销售额最高为151.4亿元（其中茅台酒占了绝大部分），占有机加工产品总销售额的25%；其次是其他乳制品，销售额为144.0亿元，占比24%；排在第三位的是经处理的液体乳或奶油，销售额为90.0亿元，占比15%（图12-12）。

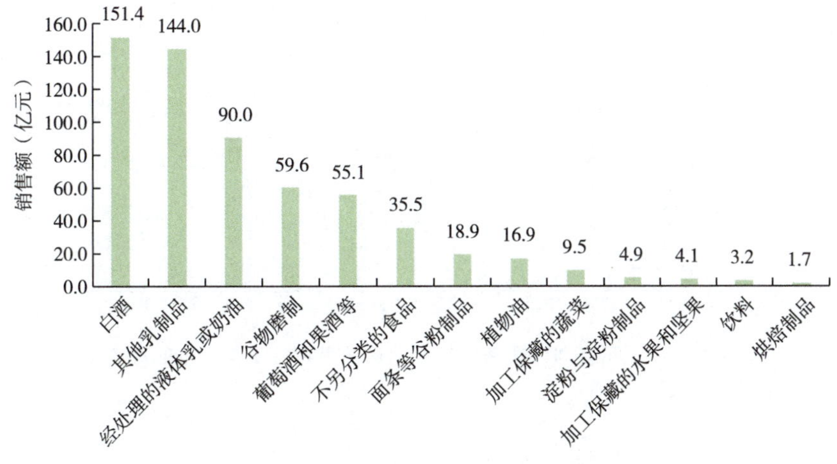

图12-12 2018年中国销售额大于1亿元人民币的各类有机加工产品

2018年中国有机产品估算的销售额为631亿元，占2018年中国食品和饮料市场份额的0.8%，较2017年仅增加了4%，全年人均消费额仅6.6美元，约为世界人均消费水平的一半（图12-13）。

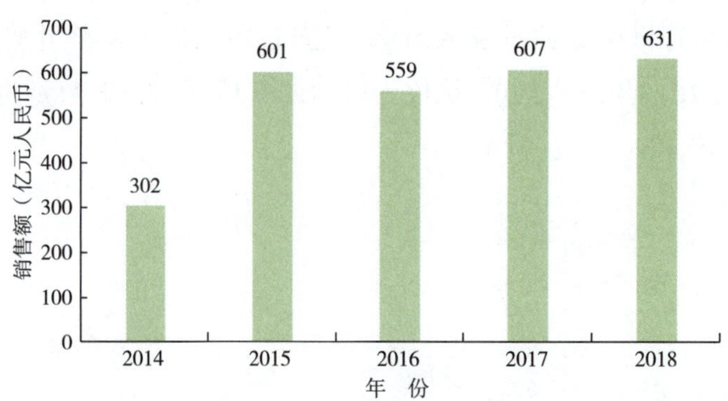

图12-13 2014—2018年中国有机产品销售额

12.9 出口贸易

2018年中国有机产品总出口贸易额为8.94亿美元，总贸易量为70.51万吨。

日本是中国出口贸易额最大的国家，贸易额达到了1.96亿美元，占中国有机产品出口总贸易额的22%；中国与美国的有机产品贸易额为1.57亿美元，占18%，排在第二位；排在第三位的是荷兰，贸易额为1.49亿美元，占17%（图12-14）。

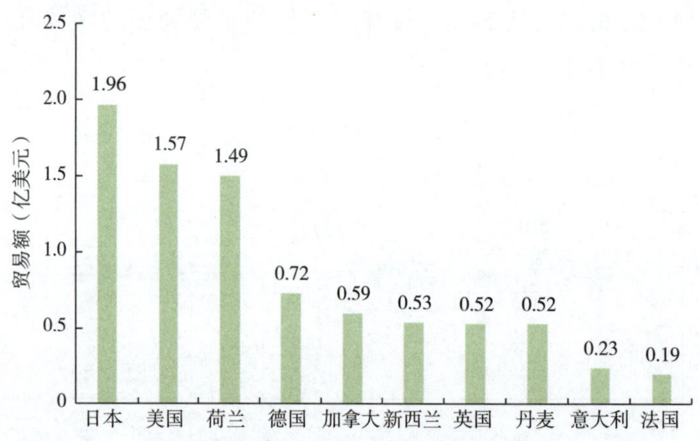

图12-14 2018年中国有机产品出口贸易额位于前十位的国家

12.10 有机产品监督检查

2018年认监委设立监督抽查专项，监督抽查流通领域有机产品的合规性。总抽样数量为400批次，认证标识查出存在问题的有机产品7批次，合格率为98.25%，检测有机产品400批次，检测出不合格有机产品4批次，合格率为99.0%，有机蔬菜的合格率为99.45%，有机水果的合格率为100%，有机茶叶的合格率为94.29%。对253批次获证有机产品进行溯源核查，结果发现2018年抽查到的获证有机产品因生产记录等关键信息缺失而无法实现全程可追溯的产品38批次，不可追溯产品的百分比达15.02%。

从右至左依次为：

张建伟博士 联合创始人

张婷婷 联合创始人 副总裁兼首席品牌官

徐　新 联合创始人 执行总裁

张晓尔 联合创始人 副总裁

张向东 创始人 董事长

邢建平博士 联合创始人 首席产品官

张友廷 联合创始人 副总裁

张　铭 联合创始人 高级副总裁

正谷成立于2007年，
是国内有机食品行业领先企业。
在世界范围内与符合正谷标准的农场建立合作，
以有机农业团队专业能力为保证，
进行有机生产实践，符合《正谷有机产品质量标准》。

达沃斯论坛
“全球成长型企业”

IFOAM国际有机联盟
（IFOAM - OI）全球合作伙伴